幼儿园主题探究课程与教学

周淑惠 著

北京联合出版公司
Beijing United Publishing Co.,Ltd.

图书在版编目（CIP）数据

幼儿园主题探究课程与教学 / 周淑惠著. -- 北京：
北京联合出版公司, 2018.4
ISBN 978-7-5596-1785-9

Ⅰ.①幼… Ⅱ.①周… Ⅲ.①学前教育-课程-教学
研究 Ⅳ.①G612

中国版本图书馆 CIP 数据核字(2018)第 042310 号

著作权合同登记 图字：01-2018-0820

幼儿园主题探究课程与教学

作　　者：周淑惠
选题策划：南京经略教育科技有限公司
责任编辑：管　文
封面设计：经略教育
版式设计：经略教育
责任校对：经略教育

北京联合出版公司出版
（北京市西城区德外大街 83 号楼 9 层　100088）
南京华众彩色印刷有限公司印刷　新华书店经销
字数 110 千字　710 毫米×1000 毫米　1/16　9.5 印张
2018 年 4 月第 1 版　2018 年 4 月第 1 次印刷
ISBN 978-7-5596-1785-9
定价：40.00 元

书籍简介

本书旨在介绍幼儿园的课程与教学,共分三大篇。第一篇从"幼儿"与"幼儿园"的角度切入,检视幼儿园的课程与教学,并探讨"课程"与"教学"的基本概念。第二篇则揭示本书基本立论——社会建构论,并从"与新时代共舞"的角度切入,检视幼儿园的课程与教学,描绘幼儿园课程创新发展的蓝图——主题探究课程。至于第三篇的重点在展望台湾幼儿园的课程与教学,提出实务上的具体策略与笔者个人的期许。由于本书在社会建构论下,综合考虑"幼儿发展与学习特性"与"培育幼儿适应新时代社会目标",提倡一个主题探究课程,并举课程/教学实例说明之,且亦包括了课程/教学设计实务面向,联结课程/教学之理论与实务,实可作为幼儿园课程与教学专题研究、幼儿园课程设计、幼儿园教育实习等大学幼教科目之参考书籍。

作者简介

周淑惠   ✽✽✽

现任：台湾"清华大学"幼儿教育学系/所教授

学历：美国麻州大学教育博士（主修幼儿教育）

美国麻州大学教育硕士

经历：新加坡新跃大学兼任教授

徐州幼儿师范高等专科学校客座教授

澳门大学客座教授

美国麻州大学客座学者

美国麻州大学教育学院幼儿教育组行政助教、研究助理

美国麻州安城 The Children's House 幼儿教师

美国麻州安城 Wildwood Elementary School 双语辅导教师

美国麻州安城 Pioneer Senior Center 心理咨询员

美国北科罗拉多大学研究学者

美国内布拉斯加大学客座教授

台湾新竹师范学院幼儿教育学系/所主任

台湾新竹师范学院幼儿教育中心主任

主要论著：

《游戏 VS 课程》《幼儿园课程与教学》《创造力与教学》《幼儿学习环境规划》《幼儿教材教法》《幼儿自然科学经验》《幼儿数学新论》等。

序

笔者一向对幼儿课程与教学颇有兴趣,在攻读博士期间与任职新竹教育大学期间均以此一领域为研究重点,教学科目也与此一领域相关。屈指算来,笔者服务于台湾新竹教育大学(现台湾"清华大学")已迈入第十四个年头,一向自认为忠于教学与研究工作的我,每隔一段岁月必埋首整理这段时日的教学与研究工作,并出版专书,一方面算是对自己的要求与交代,一方面也作为教学用书,因台湾幼教领域的教科书仍为有限,有待充实。而此本专书乃为笔者在面对新时代时,综合近三年来的研究成果以及教学、辅导心得,所省思与意会的心智结晶。

本书旨在介绍幼儿园的课程与教学,共分三大篇。第一篇从"幼儿"与"幼儿园"的角度切入,检视幼儿园的课程与教学,并探讨课程与教学的基本概念。第二篇则揭示本书基本立论——社会建构论,并从"与新时代共舞"的角度切入,检视幼儿园的课程与教学,描绘幼儿园课程创新发展的蓝图——主题探究课程。至于第三篇的重点在展望幼儿园的课程与教学,提出实务上的具体策略与笔者个人的期许。由于本书在社会建构论下,综合考虑"幼儿发展与学习特性"以及"培育幼儿适存新时代教育目标",提倡主题探究课程,列举课程与教学实例来说明,而且联结课程与教学的理论与实务,因此也可作为幼儿园课程与教学专题研究、幼儿园课程设计、幼儿园教育实习等大学幼教科系的参考书籍。

　　笔者才疏学浅,有的是一番热情与执着,对于撰写一本涵盖甚广的课程与教学教科用书,可能无法做到完整性与完美无缺,尚烦诸位幼教先进不吝指正。此本专书之所以能出版,要特别感谢这两三年支持我进行研究的新竹及幼幼儿园的诸葛负责人及明媛园长,最要感谢的是两位愿意在繁忙教学工作中参与研究的老师——敏娟、婉容,当然也要感谢两位前后任研究助理——百玲与诗蓓,以及兼任研究助理——纯毓、佳烨的资料搜集工作。

2006 年 1 月 1 日

久雨初见清朗的清晨

淑惠　谨志

目录
Content

幼儿园课程/教学概论篇　　　　　　　　　　>>>>>>

新时代幼儿园课程/教学蓝图篇　　　　　　　>>>>>>

台湾幼儿园课程/教学展望篇　　　　　　　　　　>>>>>

第一篇
幼儿园课程/教学概论篇

第一篇乃从幼儿与幼儿园的角度切入，检视幼儿园的课程与教学，并探讨课程与教学的基本概念。本篇分为两章，第一章旨在说明幼儿园课程/教学的实施情境，作为本书各章的入门，包括课程与教学实施主体的"幼儿"特质，以及课程与教学的实施场所，也是非常影响幼儿学习与发展的最近社会文化情境——幼儿园环境。从幼儿发展与学习特质——文化情境性、全人发展性、渐序发展性、个别差异性、探索建构性与具体经验性的分析中，我们发现"主题探究课程"可能是较为符合需求的课程/教学形态。而从幼儿园环境的分析中，我们归论幼儿园环境与各层级环境系统间是密切相关的，尤其是与幼儿较近的家庭，幼儿深受邻近社区文化情境的影响，因此，我们认为家园必须密切合作，而且课程势必反映当地地域特色与优势，以及教师应当发挥适当的鹰架作用与角色，以促进幼儿发展。

第二章则旨在介绍课程与教学的基本概念，以作为本书各章的基础。首先论述幼儿园的课程/教学，是泛指幼儿在园中的所有经验与互动，包括预先计划与临时萌发的部分。其次承续上章论述，指出课程/教学在拟订之初必须在幼儿特性与需求基础上，综合考量园所本身目标以及当地特色与优势，并以培育幼儿具有未来社会生活所需技能为最高宗旨，以创造具有特色的"园本课程"。最后强调任何的课程/教学必须容许师生共同在教室中逐渐生成发展，活出有特色且是与时代之轮共同舞动的课程/教学故事。

第一章

幼儿园课程/教学——实施情境章

本章旨在描绘幼儿园课程与教学的实施情境，包括幼儿与幼儿园，以作为探讨幼儿园课程与教学之入门。幼儿是幼儿园课程与教学的主体——幼儿园的课程与教学是专为园里的幼儿而实施的，幼儿是经验与感受课程与教学的主要对象，因此了解幼儿的发展与学习特性是极其重要的。而幼儿的发展与学习深受社会文化的影响，欲了解孩子的发展与学习，则有必要了解成人为其所提供的社会情境。除家庭外，幼儿园是幼儿最近、最直接的重要社会情境，同时它也是课程与教学发生的场所与实施环境，实有必要针对幼儿园情境加以了解，因此本章也对幼儿园环境加以探讨。

第一节

幼儿——课程/教学的实施主体

笔者归纳幼儿的特性有六：文化情境性、全人发展性、渐序发展性、个别差异性、探索建构性与具体经验性。首先，文化情境性揭示幼儿是在社会文化情境中成长的，受社会文化与社会互动的影响非常大；其次三项特性——渐序发展、个别差异与全人发展性，是幼儿发展上共通的特性；后两项特性——探索建构性与具体经验性，是基于发展所表现在学习上的特性。以上笔者所举的幼儿特质与美国幼儿教育协会（NAEYC）于一九八六年发表《适性发展的幼儿教育教学实务》(*Developmentally Appropriate Practices in Early Childhood Programs*,简称 DAP)所主张者,有殊途同归之妙。DAP 的基本立论为:幼儿的发展是整体性的,其认知、情绪、社会、语言、体能发展是彼此相关、同等重要且共同发展的;幼儿的发展是独特的,没有任何两个幼儿是相同的;幼儿的发展是循序渐进的,过去、现在与未来是连续交织的;幼儿的学习是建构性的,他总是试图去了解周围的世界;幼儿的学习最好是通过操作经验、社会互动与反省性思考(Feng, 1994; Kostelnik, Soderman, & Whiren, 1993)。现将幼儿在发展与学习上的特性分别叙述如下。

一、文化情境性

根据 Vygotsky 的"社会文化论",个人是与其社会紧密联结的,社会文化对儿童的发展与知识的建构扮演举足轻重的角色,因为任何高层次的思考首先出现于孩子与成人共同活动中的社会沟通,其后才逐渐形成孩子的内在能力;可以说孩子的心智是一个深妙的社会器官,高层次的思考深受孩子的社会经验所影响(Berk, 1997, 2001; Vygotsky, 1978)。简言之,孩子的认知是"情境化"(Con-Textualized)(Berk & Winsler, 1995)。诚如 Bruner(1987)所言,多数人们求知与理解世界的方式是通过与他人讨论、协商,是经中介过程而来的;以及 Wertsch(1985)所指,儿童的经验若是没有经文化团体的社会性传介,就无法在内在认知层次上被理解。既然幼儿的发展与学习实受整个大社会文化情境的价值、信念与观点的影响,要了解孩子的发展与学习,则有必要了解成人为其所提供的社会情境。而社会情境小自家庭、幼儿园,大至社区、整个社会文化皆属之。且每个社会情境都有其特殊的文化与价值观,因此不同社会情境所孕育的幼儿也大不相同, 尤其是东西方文化差异所涵濡的幼儿,势必有所差异。的确,我们的价值观、想法深受父母、老师的影响,例如从小我们被教导要敬老尊贤,因此当家中有客人来时,我们会恭敬地称呼阿姨、叔伯;可是在美国家中有客人来时,直呼父母朋友的名字——Flora、Steven,是司空见惯、不以为逆的行为。也因此在规划幼儿园的课程与教学时,必须尽量了解并统整考量幼儿的所有社会文化情境,尤其是幼儿的最直接社会文化情境——幼儿园与家庭。因此,幼儿园的课程融入当地特色与优势,强调家园间密切合作,以及教师为幼儿搭建学习鹰架,乃为自然且正确的选择。

二、全人发展性

人类发展的重要本质即为整体发展性,个人是一个完整的个体,人的各领域、各部分是相互依赖而运作的(苏建文等,1991)。大体而言,生理、心理、智能乃构成一个完整个体所不可或缺的三大部分, 此三大部分乃共同发展,而且相辅相成、相互影响。笔者将其间关系比作动态对流回路,极其复杂,有如下图所示(周淑惠,2002a)。

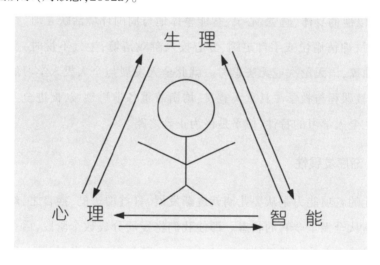

◎ 图 1.1.1 生理、心理、智能相互影响图

进一步说明,人的生理影响心理、心理影响智能、智能影响生理、生理又影响心理;反之,心理也会影响生理、生理影响智能、智能影响心理、心理再影响生理……如此交互影响,持续动态作用。而就另一方面而言,心理与智能交互作用的结果,也会共同影响生理发展,同时生理发展也会影响心理与智能的发展;生理与心理交互作用的结果,共同影响智能的发展,

同时智能发展也影响生理与心理的发展;生理与智能交互作用的结果,共同影响心理发展,同时心理发展也影响生理与智能的发展,其间关系极其错综复杂。总之生理、心理、智能三方面交错、共同作用,形成了整个个体的样貌。

个体在各发展领域交互影响的动态作用关系中,不断地成长,这种以完整个体呈现的全方位发展模式,即为所谓的"全人发展性"。全人发展或完整个体是个体发展的特性,也是幼儿发展的目标,我们乐见身、心、脑各部分均衡发展的幼儿,而不乐见因某一发展领域的缺失或偏颇,影响其他方面的发展,甚而形成某种程度的"残障"幼儿。

值得一提的是,幼儿对于事物的反应与学习都是全人全心整体性投入的,他是以他的身体、感觉、心灵、智能整体地与周围环境活跃互动。例如幼儿玩游戏时,神情愉悦或手舞足蹈,专心投入游戏情境;生气不悦时,身体扭曲或哭泣抽搐,语无伦次或无法思考。就此全人发展与全人投入学习的特性而言,对幼教课程与教学深具重大意义,均衡兼重各学科领域,促进全人发展与符应幼儿全人学习的特性,似乎是极为正确之路。

三、渐序发展性

幼儿的各项能力是从婴儿期就逐渐发展、日益增进的,换言之,幼儿的发展绝非是从全无至全有的状态。即使我们将发展分成数个阶段,后一阶段的发展也是建立在前一阶段的发展基础之上。例如以动作发展而言,婴儿先会坐起后,才会开始爬行,其后才能站立走路,最后才发展跑步能力;亦即卧于摇篮中的婴儿绝不可能在一夕之间突然站立走路,甚或跑步。再以语言发展而言,婴幼儿一定会历经喃语、牙牙学语期的电报字句,才有可能说出完整的句子。再就数学能力发展而言,在正式算数发展之前,通常会先经历"非正式算数期"(Informal Arithmetic),即以自己最直觉、最具体的方式表现算数能力(周淑惠,2000b)。无怪乎当代认知心理学家基于幼儿各项能力的渐序发展特质,呼吁不要轻忽或低估幼儿的能力,也许他们的能力不若成人般的纯熟精进,却是在逐渐发展成熟之中,我们反而应该看重幼儿的能力,设法为其搭桥联系(Ginsburg, 1989; Resnick, 1983)或搭构学习鹰架,引导其向前发展(Vygotsky, 1978)。

四、个别差异性

发展有共同的规律,也表现个殊性与差异性,例如个体在发展的速度上,最后表现的层次,与发展的优势领域上,往往是有极大差距的(李丹,1989)。换言之,人的发展充分显现个别差异性,没有两个幼儿是完全相同的。首先从 Post-Piaget 学派的"特定领域观"(Domain Specific)而言,每一个个体的发展在各个特定领域内是非常不同的;而学前幼儿在其丰富经验之领域中,会显现精进的推理模式(Inagaki, 1992)。因此,实在很难发现在各个特定领域的发展上均是完全相同的个体。而在另一方面,从"多元智能"的角度而言,每一个个体均有其强项智能与弱项智能,表现极大的差异性。进一步而言,幼儿的个别差异性分别显现在其生理、智能、心理等各方面的发展,亦即在个别发展领域上均有不同程度或品质的差异性。因此,每一个个体在综合数个不同层次的发展领域的交互作用下,不同个体之间的变异性则更加拉锯。幼儿既有个别差异性,教学重视个别化,满足多元需求与激发个人潜能,成为幼儿教育课程与教学的重要议题。Steels(2003)在《未来的学习》一书中,即将个别化教育列为未来学习的六项重要声明之一,即充分反映其重要性。因此,具有个别角落探索的主题课程/教学可能是较能顺应幼儿个别差异性的课程/教学形态。

五、探索建构性

"为什么天空会下雨呢?""妈妈肚子里为什么有小 baby 呢?""为什么影子是黑黑的呢?"幼儿天生好奇,在平日生活中看到或听到各种现象,就会不断地自然发问"为什么",并且一路追问到底,以满足其好奇心。正因为好奇心驱使,幼儿也会对周围环境不断地触摸探索,一窥究竟,试图发现答案,所以幼儿不但是个"好奇宝宝",也是一个"知识建构"者。笔者曾提及学前幼儿是个探索者、思考者,以及是一个完整个体所组成的"小小科学家",即为例证。他和科学家一样也会使用科学探究的方法,例如:观察、预测、推论、沟通等,只是有时并不自觉,并且比较缺乏系统性(周淑惠,1997a)。认知心理学家皮亚杰(Piaget)明确指出,个体在认知上具有同化、顺应的功能,会试图自行解决认知上的冲突,使个体在心智上不断成长;而且在诸多研究上也在证明幼儿是个知识建构者,例如:幼儿会从直觉经验中建构非正式算数,以及从前后文与图的线索中建构文章的大意等。所以幼儿园的课程与教学必须留给幼儿探索与建构的空间,以符应幼儿的探索建构性。

六、具体经验性

幼儿的学习是非常具体的,皮亚杰将人的一生划分为感知运算阶段、前运算阶段、具体运算阶段与形式运算阶段等四个阶段,基本上学前幼儿的思考是偏向具体性与经验性的,较无法做抽象思考。布鲁纳(Bruner)认为概念理解有三个层次,第一个层次是"操作层次"(Enactive Level),学习涉及了操作活动与直接经验;第二个层次是"视觉层次"(Iconic Level),学习涉及了视觉媒体的运用;最后一个层次是以抽象符号表达实体的"符号层次"(Symbolic Level)(Heddens & Speer, 1988; Post, 1988)。以学习"2+4=6"为例,操作层次的学习是指幼儿实际操作两个积木和四个积木,并且把它们合在一起计数,得知总共是六个积木。如果幼儿以看图片取代实际操作,即为视觉层次的学习;如果幼儿能在心里运算或以算式"2+4=6"表达一组事物,那么他就是处于符号层次了。布鲁纳概念理解层次论主要在说明,概念的演化是始于与环境直接互动的操作阶段,学前幼儿必先操作具体实物以发展概念,进而提升至以抽象符号表达概念的层次。因此,在规划幼儿园的课程与教学时,必须念及幼儿的具体经验性,供给充足的探索与操作经验,以达到有效的学习。

综上文化情境性、全人发展性、渐序发展性、个别差异性、探索建构性与具体经验性等幼儿特性,一个强调探索性、统整性、建构性、游戏性、鹰架性、计划性与萌发性的"主题探究课程"似乎是较为符合幼儿发展与学习特性和需求的课程与教学,后将于第二篇继续探讨之。

第二节
幼儿园——课程/教学的实施环境

本节针对幼儿园——课程与教学发生的场所,也是幼儿最近、最重要的社会文化情境加以介绍,包括它与各层级环境系统的密切相关性,以及反映情境中的主体——幼儿的发展与学习特质所呈现的应然学习环境特色、活动形态与作息等。

一、幼儿园与各层级环境系统之密切相关性

由本书所持的"社会文化论"而言,社会文化情境是幼儿发展与学习的主要源泉,深刻影响幼儿,尤其是与幼儿每日生活关系最密切的幼儿园中的教师、同伴,以及家庭中的父母,是幼儿最直接且最重要的社会文化情境。再就 Bronfenbrenner 的"生态系统论"(Eco-logical Systems Theory)而言,它也清楚地描绘幼儿与其周围各层级环境系统间的密切关系,尤其是较里层的幼儿园与家庭,以及最近、最直接环境中的老师、幼儿与家长的互动,两个理论其实是相互呼应的。根据 Bronfenbrenner(1979,引自 Berk, 1997)所指,环境是一组巢式的结构系统,层内有层;而人位于环境系统的中心,受最近环境如班上幼儿、老师直接的影响,也受位于较远、较广泛的社会文化的影响。这些巢式结构的环境有四个系统——最内部的微系统(Microsystem)、中系统(Mesosystem)、外在系统(Exosystem)与最外部的大系统(Macrosystem)。

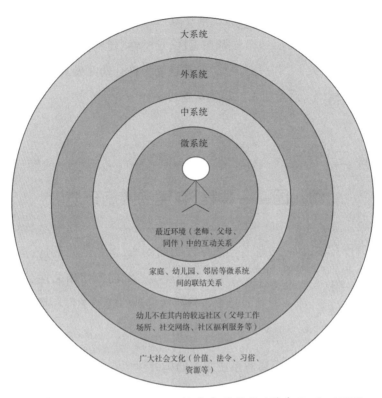

◎图 1.2.1 Bronfenbrenner 的生态系统论(引自 Berk,1997)

1. 微系统

微系统是指离幼儿最近的周遭环境与互动,位于巢式系统的最里层。在幼儿园中,幼儿的微系统就是同班幼儿、老师的互动情境,每位幼儿均受其微系统中他人的影响,而且每位幼儿也会影响其他人。

2. 中系统

位于巢式系统的第二层是中系统,是指家庭、幼儿园、邻居等这些微系统间的联结关系,它也影响幼儿,与幼儿的发展与学习密切相关。例如幼儿在幼儿园的表现,不仅取决于幼儿园中的活动,它也取决于父母是否有参与幼儿园活动,以及学习状况带入家庭的程度;亲子互动受到师生关系的影响,反之亲子关系也会影响师生互动。

3. 外在系统

位于巢式系统的第三层是外在系统,它虽不直接包括幼儿,但仍影响幼儿在最近环境中的经验,通常是指较远的社区。例如父母工作场所的人事政策与制度(弹性上班时间、育婴假规定等),可帮助父母扮演育儿角色,间接影响孩子的发展。此外父母的社交网络,如朋友与亲属也属外在系统,也会间接影响孩子的发展。

4. 大系统

位于巢式系统最外围的是大系统,是指一个广泛且高高在上的社会文化体系,包括价值、法令、习俗等,它对幼儿在最近环境中的经验都有影响。例如政府相关法令有关高品质幼儿园规定以及在职父母良好的工作福利政策,会带给幼儿在其最近环境中较好的经验。

综合 Bronfenbrenner 的生态系统论有四项重要特征:孩子是受到一系列巢状结构的环境所影响,尤其是位于最里层的老师、父母互动关系,以及幼儿园、家庭的连结关系;孩子也会影响环境中的人、事、物,即环境与幼儿是双向影响关系;而环境是动态的且是不断变化的,如:父母离异、新幼儿加入、转园就读等,均会对幼儿形成影响;在实务运用上,可透过对任何一层级环境的介入措施,来改变对孩子的影响。

由生态系统论可见幼儿园无法单独脱离整体环境体系而生存,它与各层级环境间密切相关,例如:幼儿的家庭、所在的社区、所处的社会等。就此而言,生态系统论对我们的启示为:幼儿园的所有政策,尤其是课程不仅要反映系统内幼儿的特质与需求;而且也要尽量反映各级环境生活内涵与需求——家庭、社区、社会,因此课程要符合园所的当地特色与优势是极有道理的。而家庭、幼儿园是幼儿最近的环境,深刻影响着幼儿,家、园合作是必须的,也是必然的趋势;我们可以透过在中系统的介入——强化各微系统间的整体联结关系,将幼儿园、家庭、邻里结合在一起,共同为教育幼儿而努力。更重要的是,在幼儿园中与幼儿最直接互动的微系统中的老师、同伴,在师生共同建构历程中扮演极重要角色,是幼儿最直接的社会文化情境,高度影响幼儿的发展与学习;作为一个幼教老师,一定要记住自己的一言一行对幼儿的高度影响力,以及自己在幼儿建构知识上的重要鹰架角色,这也是我们不断呼吁合格幼儿教师的必要性。此外,幼儿园不仅在空间环境上与其他各层环境如此密切相关,在时间情境上亦无法分割,因为幼儿园所培育的幼儿是要生存于未来截然不同的情境中;因此幼儿园在规划课程时要预想未来的社会情境,培养不仅能生存于现代社会,而且也能适应未来社会环境生活的幼儿。

二、幼儿园内部情境应然特色

幼儿园的主体是幼儿,为反映幼儿的文化情境、全人发展、渐序发展性、个别差异、探索建构与具体经验特性,通常幼儿园在学习环境上应该富有探索性、多元性与开放性;活动大体上为个别学习区探索活动、小组活动与全班团体活动三种形态交相运用;而在作息上,基本上为三种活动形态交替,通常团体活动时间不宜过长,而且也会特别考量餐点、午睡与转换活动的需求。现分别叙述如下。

(一) 环境:探索性、多元性与开放性

一个开放、多元能自由探索的学习环境对幼儿园课程的实施是绝对有必要的,因为幼儿具有强烈的好奇探索性,甚至具有建构知识的能力。儿童在一个开放的幼儿园里可以游走于各处——观察与操作事物、探索与验证自我想法,或访问关系人物等,有利于正在进行的课程主题深度、广度的探讨。因此通常在幼儿的活动室中设有蕴含各学科/领域的"兴趣中心"(Interest Center)或"学习区"(Learning Area)(俗称角落),诸如:益智角、美劳角、创作角、扮演角、图书角、积木角、科学角等;这些学习角落容许幼儿自由选择与探索,角落内的教材、教具也是开放让幼儿自由取用。在这样的环境中,它鼓励的是自发性的探索行为,各个角落有如所探讨课程主题的不同面向,幼儿可以从不同的角度、不同的面向充分地探索主题概念。举例而言,当探讨的主题是"我的身体"时,幼儿可以在益智角测量、比较身高,在美劳角绘画身体轮廓,在图书角阅读与身体相关图书,在音乐角随音乐探索自己的身体部位与动作,在科学角用放大镜或镜子观察自己的身体特征等等。换言之,它将各学科领域整合于各项具体活动中,提供了均衡且统整性的学习经验,大大促进了幼儿的全人发展。

试想幼儿的学习空间若只囿于传统教室中一张张固定排列的桌椅,何来探索行为发生?课程的主题如何能既深且广地加以探究?当然活动室除了各个角落外,还必须有一个较大的空间以供团体活动使用,通常的做法是刻意加大某一角落,使具双重功能,可弹性运用;亦有在教室中央或一隅刻意空出一个团体活动空间者。此外,学习区的设立也反映幼儿的个别差异性,让幼儿可以根据自我兴趣与需求,选择某一学习区域与其中的教材、教具。统而言之,笔者归纳学习区的功能有几项:发展幼儿独立自主性、责任感;发展社会性能力——合作、轮流、等待、互动等;发展幼儿的语言沟通能力;提供真实、具体经验,促进学习成效;满足幼儿的探索性与建构性,增进学习意愿与动机;符合幼儿个别差异的需求以及个人内在个别差异的事实。当然最大的功能是提供均衡统整性的学习经验,促进幼儿全人发展。

最后最重要的是,幼儿的学习环境不限于活动室内,配合主题课程所需,活动室外的幼儿庭园、游戏场,以及邻里社区与公园,或是较远的校外教学场所,任何有关的情境均是幼儿可以探索的空间,总之,幼儿的学习环境应是开放的,与整个大的社会情境交融接轨。

(二) 活动形态:学习区个人探索、小组、团体

幼儿园的教学形态大致上有三种:团体活动、分组活动、学习区个别探索活动。基本上,这三种形态各有其作用,应均衡运用,尽量避免全天候的全班性团体活动或其他单一类型活动。值得注意的是,幼儿有个别差异性,着重幼儿的个别性发展是极为重要之务,然而有些幼儿教师却常忽略个别角落活动,颇值我们深思。

1. 团体活动

意指全班幼儿共同进行一致性的活动内容的活动形态,无论是采用教师讲述、示范,或师生共同讨论、分享,或全体进行团体游戏、律动、体能活动、实验等。基本上,团体活动时,教师的主导性通常较强,活动也较具结构性。例如:一早来园时全班围坐进行早安问候、点名、介绍当日活动内容或说故事等,或者是教师引导全班讨论或进行游戏、戏剧活动等。值得一提的是,有时教师为了方便指导与考量有限的教材,也会将全班分成几个小组,这种虽然有分组形式,但各组所进行的活动内容一致,仍属于团体活动。

2. 分组活动

意指将全班幼儿分成不同的小组,而每个小组所进行的活动内容并不相同。分组活动时,教师的主导性通常次于团体活动,幼儿之间的互动比团体活动要来得多。一般而言,分组活动有两种方式,一种是教师“指定分组”,教师针对幼儿的兴趣、能力层次,特意设计内容不同的组别活动,指定幼儿至各个不同组别,这是补救教学常运用的策略;另一种是“自由分组”,幼儿可依个人兴趣与能力选择喜爱的组别进行活动。有时教师也会采用“轮流分组”方式,让所有幼儿都有机会进行各种不同的活动。大致而言,分组活动较全班团体活动能满足幼儿的差异性。分组活动的实例,如教师将全班分成三组,一组进行卡片制作,一组进行科学实验,一组则为操作益智教具。

3. 学习区个别探索活动

学习区活动意指幼儿在规划有多样学习区域的开放教室中,可依个人兴趣与能力,选择自己所喜欢的学习区域,进行个别探索活动。基本上在学习区时段,幼儿是自主的,他可以选择“学习类型”,如:建构、练习、扮演或操作教材教具;也可以选择不同类型的“社会接触”,如:独自游戏、合作游戏、平行游戏等;甚至亦可以选择学习时间的长短,大体上,教师的主导性低于分组与团体活动。

通常学习区又被称为“角落”或“兴趣中心”,在幼儿园常设的学习角落有图书角(语文角)、创作角(美劳角)、益智角(小肌肉操作角)、扮演角(娃娃家、家事角)、积木角、科学角等,幼儿可从不同的面向来探索主题概念,但是教师必须事先加以规划、布置丰富且多样的学习角落,以引发幼儿探索动机。教师在角落中的角色可以是观察者(观察幼儿活动,以决定进一步所扮演的角色)、提供者(提供幼儿游戏探索所需的教材教具)、引导者(以对话、问题刺激幼儿思考,引发高层次游戏行为,或鼓励、引导幼儿走向所欲目标),甚而是参与建构者(共同参与幼儿的游戏)。

(三) 作息:符合幼儿特性与课程所需

幼儿的一天作息活动应尽量安排包含大团体活动、分组活动与个别探索活动三类时段,避免全天候大团体活动,多给幼儿自由选择与探索的时段。如果幼儿一天的作息全是全班大团体活动,他又如何能自由探索课程主题呢? 在幼儿教育上,我们特别重视幼儿个别发展的差异性,幼儿在分组活动,尤其是个别探索活动的时段,可以自由选择与主题相关的活动或学习角落,以满足其个别差异需要。此外,教师也可善用转换时间、点心时间或如厕时间,以强化正在进行的主题课程,并在安排活动时尽量能注意动静交替的平衡原则。

转换时间的安排主要是考量幼儿有特殊需要,如:如厕、点心,以及不同活动间,均需有一过渡转换的时间。转换时间可让幼儿平顺地衔接不同类别活动,让动静之间得以平衡顺畅。转换活动是可以个别的、小组的,也可以是团体的。例如:幼儿在分组活动中进行速率不一,教师容许先完成的个别幼儿至图书角阅读喜爱的图书,以免其无聊鼓噪而影响他人完成活动;再如户外活动归来,幼儿心浮气躁,教师让全班幼儿趴于桌上聆听轻柔音乐以帮助其休憩沉静、转换身心;再如团讨活动后等待老师分配点心时,教师为避免幼儿等待,请幼儿一起同声吟唱手指谣或诗词。

第二章

幼儿园课程/教学——基本概念章

本章旨在对幼儿园中的"课程与教学"做一概念性的介绍,以作为本书各章的基础;内容包括:第一节的课程与教学的"意涵",第二节的课程与教学的"制定要素",与第三节的课程与教学的"发展"。

第一节

课程/教学的意涵

课程与教学是学校教育的核心,二者间的关系,依据台湾学者王文科(1994)综合文献认为:二者有关,但不尽相同;二者间成相互依存的联结关系;二者虽可分开进行研究与分析,但无法各自孤立运作。的确,课程规范了教学方法,但教师不同,所呈现的教学实务面貌就不同,甚至会回过头来影响原本课程的内涵,二者间相互影响、密切相关,很难划分,因此本书就以课程/教学并列。

我们虽然很难明确划分课程与教学,一般而言,课程计划先于教学,是比较被接纳的说法(王文科,1994);另一位台湾课程专家黄政杰(1997a)亦有相类似的看法,指出课程计划乃通过教学的实施而具体落实;而教学是为达到有价值的学习目标,学生与教师、教学资源间的互动。

本书持社会文化观,亦将教学定义为:为帮助学生学习而发生在师生间的互动关系。社会文化论认为人类的发展与学习是在社会文化情境中与人互动而发生的,儿童最近的社会文化情境就是幼儿园中的老师,因此师生间的互动关系,就构成了学习的主要泉源。例如:Tharp 与 Gallimore(1988)将教学定义为"被协助的成就表现"(Assisted Performance),教师在教学过程中要提供回应与协助性的"互动",诸如:示范、回馈、讲授、提问、弹性管理,以及提供组织架构等,以帮助学生学习。Wood、Bruner 与 Ross(1976)则提出教师要运用各种方式与学生互动,为学生搭构学习的鹰架,称之为"鹰架教学"(Scaffolded Teaching)。而 Rogoff(1990)以及 Lave 与 Wenger(1991)则提出有如师徒关系的"学徒制"(Apprenticeship)互动,如:示范、教导、搭鹰架、说明、反思与探索等(转引自 Bliss, 1995)。而无论是被协助的成就表现、鹰架教学或学徒制式的"互动",都是在帮助学生"学习",提升其知能。

至于有关课程(Curriculum)的定义十分分歧,所经常使用的词汇也不一致。课程专家 Posner(1992)曾检视一些常见的课程概念如下。

1. 范围(Scope)与顺序(Sequence)

把课程视为"范围"与"顺序"者,通常是以"一系列有意图的学习成果"作为具体的课程概念。亦即在课程文件上往往列出每个年级所必须达成的学习成果,因此构成课程的"顺序";而学习成果乃根据主题性质或面向加以分类,于是界定了课程的"范围"。这样的概念将课程置于指引教学与评量的决定角色。

2. 讲授纲要(Syllabus)

有人将课程视为一个"讲授纲要",讲授纲要是整个课程的一个计划,这个计划通常包括:目标、涵盖的议题、所使用的资源、指定作业与评量方式等,它囊括课程的方法与其目的。

3. 内容大纲(Content Outline)

将课程视为一个"内容大纲"者,认为讲授内容等同于一个课程计划,它并未涉及教学的目标与教学的方法。在现实生活中当被问及课程时,确实是有许多人会提供一个内容大纲。

4. 教科书(Textbooks)

有人将课程视为教科书。依教科书教学的教师们,教科书是每日的教学指引,包括教学的方式与目标。现代的教科书更为系统,包含教学指引、学生自修指引或练习本、测验卷、投影片、实验材料包与其他补充教材等。

5. 学习进程(Course of Study)或科目

字典上通常定义课程为学习的进程, 或是学生必须完成的 "一系列科目"。持此观点者认为,教育是一个具有目的地的旅程,学习是有进程的。

6. 有计划的经验(Planned Experience)

课程不只是一组文件,课程还包含学校为学生所计划的所有经验,因此学科学习之外的所有经验均包括在内,例如:教练、演讲者、护士、戏剧老师、乐队指挥等所提供的经验也是课程的一部分。

另一位课程专家 Wiles(1999)则进一步将自古以来诸多学者的分歧课程定义,归纳成四大类如下。

1. 课程是学科(Curriculum as subject matter)

课程包含各学科的完整知识,如:历史、科学、语文等学科知识,它通常是一份书写的文件。

2. 课程是计划(Curriculum as a plan)

课程是学生学习的事先规划,目的在达成教育目标,此一计划通常包括:教什么? 教学对象? 何时教? 如何教? 等。

3. 课程是经验(Curriculum as an experience)

课程是学生在学校内的所有经验,包括生活中所经验到的所有大小事。

4. 课程是成果(Curriculum as an outcome)

课程是学生的学习成果,也是教学成果,与所制定的教学目标息息相关。

Ornstein 与 Hunkins(1998)则指出两极端点与散布于其间共五种的课程定义。这两极的定义分别是:一极是将课程定义为"行动的计划"或"包含达成目标的书写文件";它是一个线性的课程观,计划者预先排序,有开头也有终点目标,以及中间的程序(方法),使得开头可以进展至最终目标。另外一极是将课程定义为 "学习者的经验", 此极课程观点几乎涵盖学校中所有的任何事,甚至包括校外计划的经验于课程中。就此而言,前一极观点较为特定、具规范性,后一极则较为宽广、具普遍性。不过在这两极之间尚有三种课程定义存在。第一种是将课程视为处理人与程序的体系;第二种是将课程视为一个学习的领域,包含它的领域知识与基础,以及解释此一知识的相关研究、理论、原则;第三种是以学科(数学、科学、历史等)或内容来看待课程。

在幼教领域通常将课程视为幼儿在幼儿园内的"所有经验",它包含了事先计划的与未事先计划的经验。诚如幼教学者 Gordon 与 Browne(1993)所言,幼儿像海绵一样,他们吸收所有发生在他们身上的任何事;正因为他们还小,而整个世界对他们而言是新鲜的,因此他们并不会区分什么是预先准备与设计给他们学习的,什么是幼儿园中其他所有发生的事;所有幼儿园发生的事与经验都是"学习"(Learning)。

Petersen(2003)亦言,课程不是你所教或给幼儿的事务,课程是幼儿园内所发生的所有的事,是幼儿在幼儿园情境中,每日所体验到的经验,它是一个鲜活且持续进行的历程。就此而言,小到每日作息、活动转换,大至有计划的活动,甚至是临时萌发的事件,都是幼儿活生生的经验与教材。也因此"潜在课程"对幼儿的影响是不可忽略的。具体言之,在幼儿园一天内所发生的所有事均为课程,它可能包含了美劳活动与语言游戏;它也可能是幼儿在攀爬架上的自然体能经验,或是挖沙堆时的哼唱;以及教师解释寄居蟹为什么死了等经验(Gordon & Browne, 1993)。一言以蔽之,课程是"幼儿在幼儿园情境中与人、事、物互动的所有生活经验"。从社会文化论而言,将课程定义为幼儿园内所发生的所有事,是很有道理的,因为幼儿园就是幼儿最直接的社会文化情境,此一文化情境中的所有一切,均对幼儿的发展与学习具有一定的影响力。

不过,Petersen 也指出:课程虽然是幼儿园内所发生的所有事,但在现实生活中若是没有规划,可能什么事也不会发生,正所谓"计划是课程之钥"。我们颇为赞同 Petersen 的观点,我们不否认课程是幼儿园内所发生的所有事,课程是幼儿的经验,以及潜在课程不可忽视;我们更认为孩子的课程是要有一些预先规划的部分,这就是幼儿园存在与教师角色所在,而且也能因应幼儿渐序发展的特性,因为老师在了解幼儿发展的时间序列后,可以预设活动,加深加广孩子成长中的技能。从社会文化论而言,为提升高品质的幼教,就必须要有良好思考的幼教目标;教师对他自己的教学必须是有意识的,知道他在做什么与为何如此做;他必须观察儿童,了解儿童的文化架构并与其互动(Smith, 1996)。因此,课程是幼儿园内将会发生事务的一个书面计划或路线图,而即将发生的事务必须奠基于孩子的发展状况与特性,以及反映幼儿园的时空情境特性。至于书面计划则应包括课程与教学的目标、课程与教学的内容、课程与教学的方法,以及课程与教学的评量,换言之,书面计划应包含所要提供给幼儿的经验的目标、内容、方法与评量。

总之,幼儿的课程是幼儿在幼儿园中的所有互动与经验,它包含了预先计划的课程与临时萌发的课程 (Emergent Curriculum),这两者之间必须保持平衡。过度的计划、没有弹性,无法融入临时萌发的成分,或是完全仰赖随机萌发,未能就幼儿的整体学习加以预先规划,均是过尤不及的做法。而教学与课程密切相关、彼此影响;它是为落实课程,帮助幼儿学习,在师生间的各种互动关系。

第二节

课程/教学的制定要素

幼儿园的课程绝对不是凭空捏造,或抄袭他园立即可行,幼儿园在规划与决定课程/教学之初,有几个重要的因素必须加以考量,以资统整规划,这些因素或要件可以说是课程规划的基础。课程专家 Wiles 与 Bondi(1998)指出这些课程规划基础包括:社会变迁的因素,学校依教育目标对知识的选择、呈现与评估,儿童发展与成长,以及学习的历程性等四项考量要素。当然,任何的课程在规划之初,一定会考量老师的能力、兴趣、相关资源或配合时令节庆等,笔者将其视为课程制定的消极要素;满足这些要素虽很重要,但并不必然提升课程与教学的水准。笔者进而依据幼儿教育的特性,提出幼儿园课程与教学决定的积极要素有四点:幼儿发展与学习特性与需求、园所教育目标、园所地域特色与优势,以及未来时代生活所需技能。

本书持社会文化论,认为人类的发展与学习深受其社会文化情境的影响,在教学上则强调在社会情境中共同建构。而社会文化论与第一章所探讨的生态系统论基本上是相呼应的。因此,幼儿园在开始决定其课程与教学时,基本上要考量符合幼儿发展与学习的特性与需求,因幼儿是课程与教学的主体;其次要统整考量与反映幼儿园社会文化时空情境,包括:幼儿园本身的重要教育目标以及所在的环境特色与优势,因幼儿园与其毗邻的社会情境是课程与教学发生的环境,也是幼儿最近、最重要的社会文化情境;而最终要以培育幼儿具有未来社会生活技能为宗旨,因今日幼儿是要生存于未来的,这是幼儿教育机构责无旁贷的神圣任务。而在课程/教学实施之际,家园密切合作与教师搭构学习鹰架,发挥社会情境中的积极角色是必然的趋势。

一、考量幼儿发展与学习的特性与需求

规划幼儿课程,首须考量该年龄层幼儿发展与学习的特性与需求,此一要素是任何课程决定与设计的起始点,就此,我们认为每一个年龄层的发展水平与能力是最基本的考量点,如三岁幼儿、四岁幼儿与五岁幼儿在各方面的发展层次。此外,笔者在前章归纳学前幼儿在发展与学习上有六项特质:文化情境性、全人发展性、渐序发展性、个别差异性、探索建构性与具体经验性,重要的是幼儿园课程与教学要呼应幼儿的这六项特性。综合以上这些特性,我们以为幼儿园的课程最好是强调各领域均衡兼重的统整性课程,且富探索性,而"主题探究课程"以一个中心主题统整各学习领域则是较佳考量,而且主题探究课程也反映了新时代的需求,因为它深具建构探索性,足以培养能适存于未来社会所需的解决问题能力与创造思考能力的公民。有关主题探究课程的意义则留待第二篇(第四章)阐述。此外,幼儿园的课程也要有适度的计划性,加深、加广幼儿的知能,以呼应幼儿发展的渐序性。

整体而言,符合幼儿特质的幼儿园教学应强调经验中学习,因为幼儿园教学的对象是三至六岁的幼儿,这个阶段的幼儿与已能端坐桌椅良久的小学

生、中学生，无论在语言、思想、行为各方面的表现均有极大差异，因此，施用于幼儿阶段的教学，自然应有别于中、小学生的教学。以讲授为例，若教师滔滔不绝并未伴随合宜的肢体动作，或辅以具体教具、半具体图片，许多幼儿可能不知所云，早已淹没于教师的口水中。即使讲述伴有动作或具体物，若持续二十分钟以上，恐怕幼儿活动室中所呈现的是一群蠕动不已的"毛毛虫"，甚或打闹、喧嚣一片。故幼儿园的教学一定要考量教学对象——幼儿的身心发展状态。具体言之，幼儿园的教学应尽量提供幼儿具体或真实的经验，一方面有助于幼儿的理解，一方面往往经验过的事物是较会留下深刻印象，有助于幼儿的记忆保留。从经验中学习，并与个别经验联结，对幼儿而言，将是最珍贵也是最有意义的学习。例如："昆虫"主题，教师安排捕捉蝴蝶、观察蚂蚁或饲养毛毛虫等活动；"好玩的水"主题，教师提供幼儿喷洒水柱、实验水压、打水仗、装瓶卖果汁(色水)、踩水花等活动。以上这些经验对幼儿而言，非常真实且具体，并且或多或少均有一些旧经验可以为之参照，因此易懂，也极为有趣，势必会在心中烙下深刻而持久的记忆。相反地，若教师仅仅讲述蝴蝶的构造、生活方式，或水有压力，无色、无味、无固定形状，则有如隔靴搔痒，不够具体，难以理解，也难引发探究兴趣。

此外，针对幼儿发展的个别差异性而言，幼儿园的课程与教学要尊重多元需求，强调个别化教育，以让每位幼儿均能充分发展潜能、实现自我，这也就是 Steels(2003)综合研讨会议结论所提出"未来学习六项声明"内涵之一。就此而言，强调个别化学习的角落探索活动有其倡导与存在的必要性，而角落探索与主题课程/教学是不可分的。

当然最重要的是，幼儿园的课程与教学要符合幼儿的兴趣，兴趣是探究的泉源，好玩、有趣，探究才会持久，Steels(2003)所呼吁"未来学习六项声明"中的第一项声明就是要让学习有趣、好玩。因此除了规划中的课程要与幼儿讨论，以设计得有趣、好玩外，临时萌发足以激起幼儿兴趣的课程，也不能忽略，亦即课程设计要兼具计划性与萌发性。然而兴趣有个别差异性，正如同认知的发展有差异性一样，这就呼应以上角落个别探索活动存在的必要性。

二、配合园所的教育目标

每个园所都有其独特的教育理念与教育目标,这些教育理念与目标来自其所服膺的教育哲学与所看重的价值。因此,幼儿园在设计与规划课程时必须以自己园所所信奉的教育理念与所制定的教育目标为念,然后再综合考量其他重要的课程制定要素。例如:一个天主教创办的幼儿园,可能相当重视灵性、道德与纪律的培养,在进行课程创新或转型时,一定无法扬弃原有的信奉理念,必先以园所所定的独特教育目标——灵性培养为出发,再思考如何将新的元素或其他重要考量统整纳入课程制定中。换言之,幼儿园不能随波逐流,没有教育目标,因为教育目标是幼儿园课程与教学实务的指引。幼儿园是教育机构,肩负培育未来社会主人翁的神圣使命,因此幼儿园一定要有教育目标,善尽教育机构之职责。重要的是,此一教育目标要随时接受新时代的检验,适度因应新时代的需求,此点将于第四部分陈述。坊间有一些幼儿园没有自己的教育目标,在课程与教学上不是攀附流行,完全以市场为导向,就是片面抄袭他园或撷取现成,实颇值我们深思。

三、符应园所的地域特色与优势

幼儿园的课程须反映其邻近社区文化情境,换言之,幼儿园的课程应该是依据其教育目标,针对它所服务的对象,反映它所在环境的文化特色与资源而设计的。因此,没有两个课程是相同的!一个山地小学附设幼儿园有其丰富的山地文化背景与取之不尽的自然资源优势,将山地文化与自然资源纳入课程内涵,让幼儿探究,是最有意义与特色的课程。就此而言,一个台湾高山部落的幼儿园课程内容当然与大台北都会地区或新竹科学园区的幼儿园课程内容有所不同,即使是在同一主题下,在内涵表现上也应有地域特色与差异,这也就是"学校本位课程"或"园所本位课程"在近年来被大肆提倡之因。我们认为幼儿园的课程若要反映家庭与社区的环境与特色,可与孩子的家庭密切合作,在规划课程时,适度纳入家长的意见与专长,甚至在课程进行时,可请家长支援,如:某一主题活动的带领、户外教学的义工等,家园密切合作对孩子的发展才是双赢的。

在此值得一提的是,许多幼儿园喜欢援引国外著名的幼教课程模式,如:高瞻(High Scope)、方案等,我们要切记,任何课程模式或制度都是在某一个特殊的环境下演化生成的,它之所以有今日的面貌是因为"源远流长"之故;换言之,它是在特定时间、环境与历史背景下所酝酿的产物,如:开放教育、蒙特梭利、意大利 Reggio 等模式皆是。笔者认为"制度是培育发展的,非由外移植即可存活的",幼儿园若要采用任何现成的课程模式,都必须在本地幼儿园环境的培养皿中加以育成适合本土情境的课程,否则可能形成水土不服,甚或夭折的现象(周淑惠,2003b)。不过一个幼儿园的课程与教学的最佳状况,还是要反映园所的地域特色与优势,以园所为本位,渐进发展其特色课程。

四、反映时代进展的生活技能

幼儿园在空间环境上与时间情境上是与整个大时代无法分割的。笔者喜欢把未来时代比喻成"摩天轮",因为它高高挂在那儿转啊转,有些遥不可及,但是有时也会挑动你乘坐或与轮共转、赶上时代的欲念,不过它究竟非燃眉之急;可是当你有朝一日必须实地去乘坐它时,却又感到惊心动魄、害怕不已,悔恨平日无其他类似相关之高空乘坐经验。试想若是先前有其他相关骑乘经验,当你坐上时代摩天轮时,就能安然稳坐享受鸟瞰风景之美。今日我们所培育的幼儿日后终究必须坐上时代摩天轮,面对未来生活,笔者认为我们必须未雨绸缪设法让幼儿早日"与轮共舞",体验高空转动的感觉,意即培养幼儿有骑乘于未来时代之轮的类似先置经验,免于他日受惊失魄、无法适存。

至于未来的时代有何特性呢?基本上而言,它是一个资讯与传媒科技发达的社会,它讲求速率,充满了变动性,在资讯、知识与各领域事务上均瞬息万变、不断推陈出新;正因为变动不安,也让它深具高度竞争性;而且人与人间距离缩短,是一个地球村生活的世界。在这样的时代里,要生存既要激烈竞争又要适度合作,且要忍受瞬息变动的压力,人们亟须高度创造思考力、解决问题能力，以及与人合作共存的能力，方得以生存。有名的教育革新专家 Fullan（1993）即明白指出：学校教育具"道德使命"，有责任培养于日益复杂动态社会中能建设性地存活与工作的公民。因此，幼儿园的课程必须反映与因应未来时代进展的趋势，培育幼儿生存于未来社会的相关能力，这是幼儿园在规划与决定课程时的重要道德使命。当然幼儿园将此"与轮共舞"道德使命列为园所教育目标之一是最佳状况，若园所已有其教育目标，也要随时因应时代所需，将培育幼儿生存于未来时代的能力纳于教育目标中，或置于课程与教学的规划中。

综而言之，每个园所都有其特殊的地域特色与优势，各个园所在决定课程或创新课程时，若能在幼儿发展与学习的基础上，统一考量——以自己的教育理念为念，善用其地域特色与优势，最终以培养幼儿生存于未来社会所需技能为旨，创造以幼儿园情境为中心的"园本课程"，势必是最能发挥所长的课程，也是最能创造幼儿之福的课程。

第三节

课程/教学的发展——
课程是生成的，是教室生活故事

课程决定初始有其重要的考量要素，已如上节所述。而已制定的课程开始付诸实施后是怎么样的一个状况？与原制定课程的样貌一致吗？本节即是在探讨课程制定后是如何接续发展的。

就世界各国而言，课程的发展有由上而下、中央至地方的模式，即由中央制定统一的课程与教本，交由各层级地方学校照本执行；也有由学校自己研究、发展并执行的方式，即所谓的"学校本位课程"（School-based Curriculum）。中央统一制定的课程无法因地制宜与随时有效抓住社会脉动是有目共睹、毋庸置疑的；最重要的是，诚如 Fullan（1993）所言，所有教育改革均需新的技能、行为与信念(或理解),因此在统一课程推动的过程中,很容易形成上下层级间之理念与期望落差的现象 (Cisneros-Cohernour, Moreno, & Cisneros, 2000)。此种上下层级落差现象诸如:操弄表面的课程活动安排,在实质上并未改变的 "表相课程"(Surface Curriculum) 现象 (Bussis, Chittenden, & Amarel, 1976);或按照自己的想法来执行,脱离既定课程面貌的情形,因为教师是个思考者,他会以其专业信念来解释与执行任何现成的课程教材,并不会照单全收 (O'Brien, 1993; Ryan, 2004);此亦即 Olson(1982)所发现的"诉诸内在"(Domesticating)现象,新课程重要部分不是被忽略了,就是以内在所信奉的传统方式呈现,被转换得几乎无法辨识其面貌,甚而完全被扭曲(Munby, 1983)。

上述课程执行上下落差现象,呼应 Klein 与 Goodlad(1978)的"课程层级论"。课程层级论指出:课程由学者与国家订定后,到学校所采用的正式课程,到教师于课前所知觉的课程,再到教师所实际于课室内执行的课程,甚至是学生所接收到的课程经验之间,是有"层级的",不同层级间的课程是有所差异的。简言之,外定课程与教师于教室中所实际执行的课程是绝对不同的,尤其是每个教师均有不同的信念与想法,因此课程执行上下落差现象是在所难免的。

Snyder、Bolin 与 Zumwalt(1992)综合分析文献,发现一个既定课程被执行的情形通常有三种研究观点:忠实观、相互调适观、生成观,这三种研究观点即反映了三种课程执行面貌。不过在现实世界,要忠实地执行与呈现一个外来既定课程是很难完全做到的,因为在外定课程被执行时,通常会受到学校社会情境系统所影响,结果在彼此相互调适过程中,课程原貌势必无法忠实地被呈现。此一相互调适观呼应"教师专业社会化"观点,即学校情境因素或现实震撼确实对教师有一定的塑造力或影响力(Cole, 1990; Kagan, 1992),甚而影响教师之教学行为(McNeil, 1988; Grant & Sleeter, 1985)。

有关外定课程的执行更甚的情形是,外来的课程只是师生间在教室内建构、"生成"实际课程的一项工具而已,因为教师并非是等待被外来专家填充的"空白容器",他们有自己的信念与思考;换句话说,在实际教室生活中,老师是"课程发展者"的角色,与学生共同创造教育经验,生成课程实质内涵,外来专家只是持续加温、加火而已(Snyder, Bolin, & Zumwalt, 1992)。针对以上相互调适与生成现象,无怪乎 Grant 与 Sleeter(1985)于综合文献后指出:教师个人所持有的信念与其工作情势因素,实共同决定其教学实务。综合上述,教师皆有自己的信念与思考,即使是在执行外定课程情况下,课程的内涵是教师于工作情势的框架中,与学生在教室内共同发展生成的。

在现实生活中,教师不仅是课程发展者与儿童共同生成课程,教师也是个"研究者"。英国的课程改革即采此观点,虽然教育部门所推动的改革非学校本位课程,课程计划小组规划后,要求执行教师在教室可以做教学决定,将这套课程以"研究者"的专家角色在教室中实地考验与建构;换言之,教师是该套课程在教室内形塑的探究者(Elliott, 1991; Stenhouse, 1975)。以上现象即反映台湾课程专家黄光雄与蔡清田(2002)有关课程的论点——"教师即课程发展的行动研究者""课程即课程发展的行动研究假设",以及"教室即课程发展的行动研究实验室"。

总之,教师为独立个体,有其信念与想法,在教学前、教学互动中与教学后均必须依教室情势与学生状况做教学决定,因此,不管有没有现成教材存在,实际的课程内涵是在教室中发展与"生成"的。诚如课程教授 Clandinin 与 Connelly(1992)别于以往"教师是传导者"(传导既定课程)的隐喻,提出"教师是课程制定者"的譬喻,认为课程可以被视为教师与学生于教室内共同生活的故事;我们应进一步采其建议——接近教师,倾听他们在教室内所活出的故事;甚者,当学者与教师在他们的教室共同工作时,也要学着去说他们自己的故事。笔者非常认同"课程是教室生活故事"之说,就此而言,我们应多鼓励教师成为真正的课程"制定者""发展者""研究者"的角色,并鼓励教师们说出他们与幼儿在教室内共同生活的故事。幼教界有名学者 Bredekamp 与 Copple (1997)就明白指出:我们必须"强化"教师是课程发展者与做决定者的角色,而且作为一个课程发展者,必须指认转型社会中有关的教育目标,并因应变革。此一论点不仅强化教师是课程发展者、生成者角色,而且也积极呼应笔者"与轮共舞"的主张。

第二篇

新时代幼儿园课程/教学蓝图篇

第二篇旨在揭示本书社会建构论的基本理论,并由新时代"与轮共舞"的角度切入,检视幼儿园的课程与教学,描绘幼儿园课程创新发展的蓝图。本篇共分三章,第三章主要在论述新时代课程/教学的目标为培育求知人、应变人、民主人、地球人、科技人与完整人,并探究社会建构论的精神——强调知识是建构的、着重师生共同建构、力倡搭构引导鹰架与重视运用语文心智工具。综合上述新时代课程/教学目标、上篇幼儿发展与学习特性,以及社会建构论基本精神,提出新时代的课程特色应为:探索性、统整性、建构性、鹰架性、游戏性、计划性与萌发性。就此而言,"主题探究课程"似乎是较为合宜的课程。

第四章则进一步探讨主题探究课程的意涵,论述其益处,尤其是符应新时代社会需求与培育完整幼儿。此外,并举中外课程/教学实例阐述理论于实务上的运用,包含意大利 Reggio 主题探究课程/教学,以及笔者在台湾幼儿园所做的研究;前者着重社会建构论在实务的联结与呈现,后者则针对两个主题的实务面分析其社会建构成分,并特别分析其鹰架引导策略。至于第五章则进入更实务的设计层次,探讨主题探究课程/教学的设计原则、设计程序与活动设计实务。

第三章

新时代幼儿园课程/教学——理论基础章

我们于前篇揭示幼儿园在规划课程与教学时必须综合考量各种要素,并以"与轮共舞"为最高宗旨,设法让幼儿体验未来时代生活的感觉,培养未来社会生存相关能力;意即各级学校与幼儿园实肩负着责无旁贷的"培育儿童能适应未来社会生活"的神圣使命,而课程与教学则是实现此项神圣任务的主要利器,因此,各级学校与幼儿园必须未雨绸缪于课程/教学中规划与培养未来生活重要能力。而面对二十一世纪的社会生活特性,我们要培养什么样的儿童才能适存于未来社会?又什么样的课程方能达成"培育儿童能适应未来社会生活"的教育目标?这样的课程有什么重要特色?是颇值探讨的议题。就此,本章共计三节,分别讨论新时代幼儿园课程/教学的目标、新时代幼儿园课程/教学的理论与原则,以及揭示新时代幼儿园课程/教学的特色。

第一节

新时代幼儿园课程/教学的目标

个人以为能否"求知""应变",成为生存于未来瞬息万变且高度竞争社会的首要条件;其次是能否适应民主生活,以及实践地球村生活以与世界接轨;当然最基本的是身、心、灵能均衡健全地成长,方有精力与能力接受未来社会的挑战。因此笔者揭示新时代的幼儿课程目标是培养"求知人""应变人""民主人""地球人""科技人"与"完整人",兹分别论述如下。

一、求知人

今日幼儿园所培养的幼儿是要面对未来资讯世纪的资讯爆炸、瞬息万变且高度竞争的生活,求知辨真能力就显得特别珍贵。"知识就是力量",试想在资讯瞬息万变、昨是今非;或是资讯五花八门、真假难辨;或资讯繁多、千头万绪的情势下,个体若不具有主动"求知辨真"能力者,就无法进入知识的殿堂,了解真相与拥有知识,进而运用所得知识于变动社会中,以面对竞争或求生存,结果势必将被时代所淘汰。因此幼儿园的课程必须发展幼儿的求知能力,让幼儿成为"求知人",通过课程,实际体验如何求知。

Steels(2003)对于未来学习的六项声明之一,即是希望每人均成为终生学习者,持续培养学习欲念,对新观念、想法采取开放心态。能主动求知者宛如"终生学习者",能随时运用各种求知方式满足自己的疑惑与不足。这些求知方法包括:观察、推论、找资料(如查阅图书与使用电脑网络等)、预测、访谈、分析、归纳、比较、记录、讨论与验证等。简言之,求知能力就是一种探究能力,与科学探究能力或"科学程序能力"(Scientific Process Skill)类同(周淑惠,1997a),属于高层次的认知能力,有别于只记忆知识与事实的低层次认知能力,它是能验证资讯、厘清头绪并探究真相的,其特性是具有高度行动力与思考力。俗话说得好:"给幼儿鱼吃,不如教其钓鱼的方法。"钓鱼的方法就是比喻求知。具体言之,我们不能一辈子喂养幼儿知识,幼儿也不能一辈子处于"茶来张口、饭来伸手"的被动受教状态,尤其在面对未来社会变动与竞争状况时,唯有自己能独立主动地求知解惑,方能适应与生存,因此培育"求知人"成为幼儿园课程与教学的首要目标。

二、应变人

面对未来社会的高度竞争与变动不定情势,个体不仅需要求知探究,随时满足自己的疑惑与不足,充实自己的力量;而且也需要更积极地将所求知能,进而运用于工作与日常生活中,以期能突破瓶颈,解决任何因变动或竞争所带来的困境或难题。试想在变动不定、竞争激烈、随时有新问题衍生的情况下,若不具有解决问题的"应变"能力者,怎可能安然适存、渡过难关呢?

我们认为应付变动、解决问题不仅需要相关知识与逻辑思考,以了解、分析问题症结所在,进而设法运用这些相关知能去解决问题;而且也必须具有"变通"的情意特质,不被变动的情势与困境击垮;更重要的是创意思考,有利于高度竞争社会下出奇制胜。所谓创意思考能力包括,思考上的独特力、变通力、敏觉力、流畅力与精进力;即能敏锐感觉周遭人、事、物现象,在一定时间内不仅能做流畅思考,也能做变通思考,产生各种不同类别与数量的与众不同想法,并能在想法上不断突破、精益求精。而所谓变通的情意特质是指在"心态上的变通",虽然个体遭遇问题与困难,却能以不同角度去思考,在心灵上释然或泰然处之,诸如:"塞翁失马,焉知非福?""放长线、钓大鱼!""退一步海阔天空"等,它也是创意思考的一种形式,只不过比较不是表现在心智上,而是表现在处世心态的情意面向。总之,应付充满变动与竞争的未来社会,人们需要运用知识、能力、逻辑思考、创意思考,以及秉持变通的情意特质去面对与解决问题,因此,培育应变人成为幼儿园课程与教学刻不容缓的目标。

三、民主人

除培育"求知人""应变人"的教育目标外,未来的社会也是一个多元的民主社会,在这样一个民主社会中,存有不同文化的族群;文化不同,观点自然不同,如何和谐相处并依据民主法则共享这一个社会,成为重要议题。因此培养能相互尊重的"民主人",让其能成为适应未来社会的良好公民,并能运用所求得知能与他人共同改善周遭环境与社会,例如:保护生态环境、缩小贫富差距、促进各族平等与尊重等,也成为重要的教育目标。

具体而言,民主素养的内涵包括多元意识、平等与尊重等;民主人的生活是开会讨论、多数表决、遵守法规、尊重不同以及合力改善与关怀社会;民主人的特征是一个理性的独立思考者兼感性的关怀分享者。如何彼此尊重、遵守法规,绝对是现在以及未来重要的教育目标。

四、地球人

更甚的是,当前是一个"地球村"的时代,尤其在未来科技更为发达,且国与国之间更无距离,彼此关系密切的情况下,普遍存在着文化与思想歧异,如何在这样一个共同生活空间上共存共荣,而非互相挞伐、弱肉强食,也是教育上必须考虑的重大议题。所谓"地球人"是指能具有多元文化素养,能尊重不同民族差异性,而且能爱土爱国,具民族自信心、不卑不亢,既不丧失自我,也不坐井观天的特质。简言之,个人与国家民族的情况雷同,均先要对自我有信心且能尊重他人、他族,才能与他人、他族、他国和平共处。所以培育"地球人"的教育目标在地球村的时代下,极其必要。

五、科技人

针对地球村特性与未来社会的高科技趋向,成为地球人的同时,也要成为"科技人",要具有运用新科技媒体的能力,以促进各国各族间的沟通与互动,并提升个人生存竞争能力。试想在今日视讯传媒系统发达,在地球两端的人可以立即通过电脑屏幕聊天见面、会商协调并传送大量资料,或通过远距教学、电脑平台、网络系统可以立即求知解惑,多么方便!未来新时代通讯科技一定更为进步,如果不会运用这些新科技,将很难沟通、求知、竞争,甚或生存。因此在商业、知识、文化、工业等均无国界且高度竞争的今日,培育科技人特别显得重要,它也是重要的应变能力之一。Steels(2003)即指出未来学习的重要声明之一即是援用新科技媒体的力量。

六、完整人

作为一个人,应该是要成为一个完整个体,在身、心、灵各方面全方位均衡的发展,这在未来时代更显得重要,也是新时代幼儿课程与教学的重要目标。其实幼儿的特性之一即是全人发展性,只不过在教育的过程中有所偏差,形成心智、情意或体能上的不健全,在面临未来时代挑战之际,实值教育专业者所警戒。我们以为未来的社会生活不仅需要创意思考与求知应变、解决问题等高层次认知能力,更需要的是具有一颗求知、应变的心,也就是喜欢求知、应变的情意特质与变通的情意特质。常言道:"给幼儿鱼吃,不如教其钓鱼的方法,'更要培养幼儿对钓鱼的兴趣'。"这样就不怕幼儿无法适存于未来社会,因为他不但具有求知应变力,可以自己求得知识、应付变动,而且还非常喜欢求知、应变,十足是一个"有效的学习者"(Effective Learner);而所谓有效的学习者是为达求知与理解,能以一种开放、批判、创意与欢乐的方式,穷其能力于探索周遭世界的人(Bertram & Pascal, 2002)。至于变通的情意特质已于"应变人"中提及,这种心态上的变通恐怕是面对困境与挑战更须具备的。

另一方面而言,要成为地球人、民主人,必先对自我有信心,拥有多元文化意识与具有良好管理自我情绪的能力(即 EQ),然后广为运用人际能力,进而做到尊重他人或他族的境界。以上所指的喜欢求知应变与变通的情意特质,以及自信、自我管理与尊重他人的社会能力,即充分反映 Bertram 与 Pascal(2002)有效的学习者三项重要成分:学习的情性、社会能力与自我概念,以及健全的情绪。又在高度竞争与变动不定的社会中,更需要强壮的体魄,以应付庞大心智能力的付出。综合上述,无论是求知、应变,或要成为地球人、民主人,甚至是科技人皆涉及认知、情意与体能各个层面,发展完整个体是刻不容缓之务。试想一个情绪脆弱与身体孱弱的人,如何能适应未来竞争与变动的社会生活呢?即使他具有求知应变力,他的微弱身体状况与不稳定情绪就折损了他的能力表现,或导致完全无法发挥。笔者深有感触,目前广大社会家长与业界多重视认知,轻忽情意与体能层面,实叫人担忧;而且社会大众所看重的认知能力,多是属于低层次的认知能力,未能看到较高层次的运用、评鉴、分析、创造等能力于未来时代的重要性,未能理解求知、应变的刻不容缓性。

综上所析,诚如 Fullan(1993)所言,每一个社会都期待它的公民在一个动态、多元文化的全球性转变情势中,能终其一生独自或与人合作,有能力地处理变革。就此,一个幼儿园的课程若能以培育"求知人""应变人""民主人""地球人""科技人""完整人"为目标,让幼儿通过课程,实地"与时代摩天轮共舞"——体验求知、应变,尊重多元文化与民主共治生活,以及实现完整个体发展目标,就能创造儿童最大之福,使其不仅能适存于未来变动世界,而且游刃有余,达到自我实现境地。因此笔者所揭示的培养求知人、应变人、民主人、地球人、科技人、完整人的教育目标,是极富时代意义的;也盼望所有幼教工作者随时以培育求知人、应变人、民主人、地球人、科技人、完整人为念,并且大声说出他们与幼儿如何在教室内共同活出求知人、应变人、民主人、地球人、科技人与完整人的"与轮共舞"故事。

第二节
新时代幼儿园课程/教学的理论与原则

新时代幼儿园的课程与教学是基于"社会建构论",而社会建构论则源于苏联心理学家 Vygotsky 人类发展的"社会文化论"(Socialcultural Theory)。该理论指出,人本来就生存于整个大社会文化情境中,其学习与发展深受社会文化情境的影响,无法与社会文化分割。至于社会建构论的精神与教学原则为强调儿童与社会文化中的成人共同建构、在建构历程中运用语文心智工具,与教师为幼儿搭构学习鹰架。本节则针对社会建构论加以阐述。

基本上,Vygotsky 非常重视人类心智工具与其发展。依其"心智生活是起源于社会"的观点,高层次的心智功能源自社会与社会互动的结果,其发展经过两个层次,初始于社会互动层次,末终于自我个人内在层次(Vygotsky, 1978)。亦即我们的认知是社会化的建构与共享,都是从社会与文化的情境中产生的,深受社会文化的影响。简言之,我们的认知是"情境化的"(cotextualized), 从社会文化的活动与经验中萌发 (Berk & Winsler, 1995)。

然而要让资讯、知识或技能由社会互动层次移转至内在思考层次,社会中的成人与儿童间必须创造共同的焦点,称之为"相互主体性"(Intersubjectivity),或"共享的理解"(Shared Understanding);即如字面之意,对话的参与者,必须努力抓住他人的观点彼此产生心灵的交会。在过程中,对话者除要有亲密的关系外,语言沟通扮演了重要角色,可以说它是社会与个人内在心智间的重要桥梁(Berk, 2001),是一个主要的心智工具;它对于心智的作用,有如机械工具对于身体一般(Bodrova & Leong, 1996)。举例而言,当人们在表达意见时,即是在整理自己的思绪,澄清自己的想法,会有"愈说愈清楚"的感觉。综上所述,社会文化层面对儿童发展与知识建构扮演举足轻重角色,因此个人必须与社会紧相联结,以便为未来能力与自主发展铺路(Berk, 2001)。

Vygotsky 对儿童的发展除提出社会文化的影响性外,又揭示了"最近发展区"(Zone of Proximal Development,简称 ZPD)的概念。他认为运用 ZPD 的概念,成人可以引导儿童向前发展、成熟与自主。所谓最近发展区是指:一个儿童现在实际心理年龄层次,与在他人协助下所表现解决问题的层次,二者之间的差距区域(Vygotsky, 1986)。具体而言,在最近发展区段中的能力,是目前尚未成熟,仍在胚胎状态,但却是在成熟的过程中,在明日即将发芽结果的能力。例如儿童在发展正式科学概念之前,会具有一些自发的科学概念(周淑惠编,2002), 在发展正式数学概念之前, 会拥有一些非正式算术 (周淑惠,2000b)。对 Vygotsky 而言,教育的目的就是在提供落于孩子发展区间内的经验,这些活动虽具有挑战性,但却可以在成人引导下完成(Berk, 2001)。在这样的论点之下,教学不仅在符合儿童目前现有的发展观点,而且也在创造儿童的最近发展区,提升其认知发展层次;教学唯有在发展之前,唤醒并激发生命中正在成熟中的功能,才是好的(Vygotsky, 1978)。儿童的概念发展与其他各项发展既然有最近发展区间存在,教师应如何帮助学童向前发展,成为教学上所关注的重大课题;Vygotsky(1978)则深信成人引导或与能力较高同伴合作确能提升心智发展。

综而言之,人类的心智发展是在社会文化中形成的,因此在课程与教学上强调在社会文化情境中建构。然而,Vygotsky"社会建构论"所强调的是"儿童与成人共同地建构知识",相对于Piaget的"建构论",其重点是置于"儿童与环境互动,自我活跃地建构知识"(Fleer, 1993)。在社会建构论下,将学生视为在社会中共同解决认知冲突的有机体;老师的角色为积极搭构引导鹰架者与共同建构者。基本上,它认同幼儿是一个建构者,但必须是在整个社会文化情境下与成人共同的建构;它也认同知识是一组关系,必须通过与环境互动而学习,新的知识是与幼儿既有知识体系整成一个系统,但它更强调与学习社群共享、共构知识。表3.2.1即分别就学生角色、教师角色以及知识性质与角色列出传统的"吸收论""建构论"与"社会建构论"的特征,有助于我们更加理解社会建构论与其他理论的异同。笔者进而从知识获得观点来为三种理论下注解,社会建构论可称为"鹰架乃论",因为它非常强调共同建构情境下教师搭构学习鹰架;建构论可称为"发现乃论",因为它非常强调个别幼儿与环境互动,通过发现而学习;至于吸收论则可称为"告诉乃论",因为幼儿乃是一个被动收受的容器,由听讲、练习而习得知识。

具体而言,社会建构论有四项基本精神,即在课程与教学上有四项重要原则:知识建构、共同建构、引导鹰架、语文心智工具,兹分别叙述如下。

表 3.2.1　三种教学理论的比较		
	吸收论 (告诉乃论)	建构论 (发现乃论)	社会建构论 (鹰架乃论)
学生角色	被动接受的空白容器。	主动解决认知冲突的有机体。	社会中共同解决认知冲突的有机体。
教师角色	灌输主导,要求学生背诵、练习并运用奖惩措施。	促动学生自己建构发明,尽量不介入。	搭构鹰架,并积极引导学生一同建构。
知识性质与角色	知识是"事实"(Fact),新知识是零星"累积"于学生既有知识堆中。	知识是"一组关系",新知识与学生既有知识体系"统整成一个系统"。	知识是"一组关系",新知识与学生既有知识体系"统整成一个系统",并与学习社群共享、共构知识。

一、强调知识是建构的

根据 Piaget 的"动态平衡理论"(the Equilibration Theory),认知发展是一种个体在环境中为解决认知冲突,通过同化、顺应,以达平衡状态的内在自我规制的过程(Ginsburg & Opper, 1988; Piaget, 1970, 1976)。本书开宗明义即指出幼儿是个探索建构者,而建构教学的"幼儿观"即是把幼儿视为知识建构者,是一个能通过同化、顺应自我解决认知冲突而学习的有机个体;换言之,儿童有不让自己矛盾的一个内在需求,当外在资讯与内在既有认知结构有异时(矛盾产生),儿童会改变自己的认知结构,建构新的看法以消除矛盾,于是学习自然产生(Forman & Kaden, 1987)。建构教学的"知识观"是把知识视为一组关系,新获得的知识必须在现有认知结构中寻找关系与定位,与幼儿原有知识体系整合成一个新的系统。而建构教学的"学习观"则是认为人类是靠对自己"操作行动"加以"省思"(to reflect on his own action)而学习的;换言之，人类知识的获得是一个活跃的过程，知识是建构的，了解一项东西是要去操作它并转换它，儿童必须"变换"（Transform）物体的状态，并观察、省思物体变换所引起的改变，才能获得知识（Piaget, 1970, 1976）。例如儿童一定要亲自以各种力道拍打过球，观察球的不同弹跳高度，省思自己的施力度与球弹跳高度间的关系，才能体会"当自己愈用力拍时，球则弹得愈高"的道理。就此而言，新时代的教学应强调幼儿的手动（动手操作、亲身体验）、心动（动心思考、解决问题）以及他动（相关事物皆配合牵动，如：球的自由取用、不同种类球的提供），以利发现答案、解决问题或建构知识，而非被动地坐等他人灌输知识（周淑惠编，2002）。

二、注重师生共同建构

基本上幼儿园是幼儿最近、最直接的社会文化情境，而幼儿园中的老师是幼儿最近的社会文化情境中的最重要影响人物。社会建构论不仅强调知识是建构的，而且更强调师生共同建构，在共同建构过程中，产生共享的理解或心灵的交会，让社会文化中的观点与资讯转移至孩子的内在心理层次。Bodrova 与 Leong（1996）指出，促进发展与学习有三项重要策略，"运用共同活动"即是其中重要的一项，在共同活动与成人、同伴间的互动中，幼儿通过语文的使用（说话、涂鸦、绘画、书写等），让其心灵专注，思考变得清晰，并有改正想法的机会。而且在共同活动中也传达了社会价值，它可以说是提供了学习动机的社会情境，是帮助幼儿提升其最近发展区能力的一个非常重要的方式。也就是说师生共同建构是社会建构论有别于建构论的重要观点，在此立论之下，教室变为"学习社群"，在此社群中的每一成员对于全体成员于探究过程中所萌发的共享性理解，均有显著的贡献（Palincsar, Brown, & Campione, 1993）。而在师生共同探索、建构或解决问题过程中，教师不仅要尽量促其成员运用探究能力（观察、访谈、预测、推论、找资料、记录、比较、验证等），即所谓的手动、心动、他动；而且也要促动社群间的对话、交流与合作，即所谓的"人动"。换言之，在师生共同建构知识过程中，手动、心动、他动与人动(周淑惠编,2002)成为重要特征。

三、力倡搭构引导鹰架

社会建构论与建构论的教学,最大的不同点在于社会建构论强调老师的鹰架引导角色。其实鹰架引导的实例在生活中俯拾皆是,例如幼儿学骑自行车,刚开始是成人在旁扶持整个车身,不断提醒用力踩、保持平衡;继而只扶后座,大声让幼儿知道亲人在后面扶持着,要其不要害怕,看前方,继续保持平衡;然后则是在后亦步亦趋,有时扶着,有时偷偷放手一小段,不忘夸赞幼儿表现并提醒幼儿要转弯;到最后则完全放手,幼儿终能自行骑乘。这整个历程就是一种引导性的协助,不但有肢体动作的引导,还有言谈方面的引导,甚至包含更前阶段——提供幼儿辅助轮的运用。重要的是,孩子在成人所搭构的鹰架协助下,可以有超越他目前水平的表现——由不会骑乘至能驾驭自行车,这就说明了最近发展区的存在,以及成人引导协助的重要性。

正因为儿童有最近发展区的存在,Vygotsky 主张教学唯有在发展之前,即教学必先于发展,而非坐等能力成熟,上述孩子不会骑乘自行车前就教导他如何骑乘,就是最佳的例子。Wood、Bruner 与 Ross(1976)呼应 Vygotsky,提出了"鹰架支持"(Scaffolding)的比喻,在此一鹰架比喻中,儿童被视为正在营建中的建筑物,社会环境是所需要的鹰架,它支持儿童的发展使之能继续建构新的能力。换言之,Scaffolding 乃为教学的重要成分,是师生间的互动方式(Berk & Winsler, 1995);在成人与儿童共同建构的互动行动中,由成人运用各种策略为儿童搭构学习的鹰架,以帮助儿童建构能力。Tharp 与 Gallimore(1988)则将教学定义为"被协助的成就表现"(Assisted Performance),他们认为不能把学生丢在那儿自我学习,老师不能自我满足于提供学习机会与评估学习成果而已,学童的心灵必须被激活,回应与协助性互动应该成为教室中的主要地位;至于协助的方式包括:示范、弹性管理、回馈、讲授、提问、提供组织架构。Rogoff(1990)以及 Lave 与 Wenger(1991)等学者则提出"学徒制"(Apprenticeship)教学方式的比喻,以师徒关系说明教学的情境与教师的角色。基本上,学徒制的主张是教师在教学中视学生的进步而逐渐放手,减低其主导角色,其所用的六个教学策略有:示范(Modelling)、教导(Coaching)、搭构鹰架(Scaffolding)、说明(Artic-ulation)、反思(Reflection)与探索(Exploration)(转引自 Bliss, 1995)。

四、重视运用语文心智工具

维氏的巨著——*Thought and Language* 充分显示，语文不仅是沟通表达工具,而且能使我们做逻辑思考与学习,有别于其他动物,亦即语文是一项重要的"心智工具"(Bodrova & Leong, 1996)。语文的运用包括听、说、读、写、涂鸦、绘图等,书写语文是高层次的思考,让思考更清晰、更有顺序地呈现。语文向外则可以与他人沟通思绪, 当成人与儿童一起生活与工作时使用语言,语言就成为协助孩子将内在心智生活与文化情境观点融合的有力工具(Berk, 2001),例如通过言谈对话的心智投入,如:陈述观点、争辩,可以让亲身体验、验证的科学活动更加发挥知识建构的效果(Watters & Diezmann, 1997)。而话语向内(私语)则可自我沟通、规制行为与思考,许多概念与能力的学习就是通过这一独自私语的程序,例如"左点右点跳跳跳"的口诀确实能提醒动作顺序,加速幼儿律动的学习。

若语文是心智工具,则言谈对话(Discourse)可以说是教师为儿童搭构鹰架、引导其学习的核心内涵;上述幼儿学习骑乘自行车,成人在扶持过程中不断以口语引导的例子,即是非常明显。Bruner 与 Haste(1987)则明白指出师生言谈对话即具鹰架引导作用。基本上言谈搭架的形式包括:纠正孩子的初论、通过回应孩子的意见与提供行动建议去引导孩子解决问题、协助孩子运用语文适切地表征概念等。Bodrova 与 Leong(1996)亦指出,言谈即是鹰架,在师生共同活动中,双方对谈交流进行"教育性对话"(Educational Dialogue),即能提升儿童的心智功能。所谓教育性对话非开放讨论,而是有其目标并运用问题去引导学生朝向该目标,是一个"教师引导的发现之旅",它可以帮助幼儿导正迷思概念与避免思考的死结。

具体而言,在幼儿园师生共同建构知识的过程中,运用语文心智工具包括：师生间运用口说语文策略(陈述观点、讨论、辩论、访谈、聆听等)，以达理解、澄清与统整作用；以及运用书写语文策略(对幼儿言如：画日志画、画图、涂鸦记录、作图表、自制小书、在老师协助下查阅图书或上网等)，以求知辨真、表征概念的理解，或记录探究历程与结果。

Palincsar、Brown 与 Campione(1993)曾指出：最有效的社会互动是共同解决问题情境中的互动形式，在这一情境中由擅用语文心智工具者所引导，共同建构，以提升最近发展区段中的能力。笔者认为这样的情境与教学颇能因应学前幼儿能力脆弱、不稳定的特性，相信在教师适宜的引导与支持下，可以促进幼儿向上发展。特别是强调运用语文听、说、读、写能力于探究建构行动中，将语文作为"探究工具"，不仅达到探究目的，并且可缓和家长对读、写、算成果表现强烈要求的压力，颇为适合台湾的幼教生态。

第三节

新时代幼儿园课程/教学的特色

针对培养求知人、应变人、民主人、地球人、科技人、完整人的新时代幼儿课程/教学目标，前章幼儿发展与学习的特性——文化情境性、全人发展性、渐序发展性、个别差异性、探索建构性与具体经验性，以及本书所揭示社会建构论之基本精神，笔者以为新时代幼儿"课程"的特色应为：探索性与统整性；"教学"的特色为建构性、鹰架性与游戏性；至于在"课程设计"上的特色为计划性与萌发性，兹分别阐述如下。

一、课程特色

新时代幼儿园课程的特色应富有探索性与统整性，这一主张不仅符应美国全国幼儿教育协会(NAEYC)所倡导的"适性发展的幼儿教育教学实务"(DAP)(Hart, Burts, & Charlesworth, 1997; Krogh, 1997)，而且也被课程学者所推崇。例如 Eisner(1994)在其《重新考量认知与课程》一书中指出,学习必须是解决问题取向的,以发展学生的分析与探查能力;而且学校课程也希望能增加多元表征形式,不仅限于数学、语文等教学,以帮助不同的个体建构概念与知识,因每个人表征与建构知识的方式是不同的;此外也须帮助学生看到不同领域间的关系,实施整合性课程。

(一) 探索性

为让幼儿与"时代摩天轮"共舞,充分体验未来社会生活所需能力,我们认为,一个讲求探索思考、解决问题的探究课程,可能是课程创新较佳之选。亦即新时代课程与教学第一个要件是必须具有探究特性,让幼儿探索未知事务或问题情境, 在发现答案与解决问题历程中建构知识与精熟探究能力。Henderson 与 Hawthorne(2000)曾提出革新的教育或革新的课程,有三个重要支撑鹰架:(1)以思考为旨的建构主义的"学科学习";(2)强调主动探究的"自我学习";(3)培养对均等、多元、尊重、敏觉的民主人的"社会学习"。这一课程革新 3S 鹰架(学科学习、自我学习与社会学习,其英文字母均以 S 开头,故称之为——3S 鹰架)实与笔者所揭示的新时代课程目标——培育求知人、应变人、民主人、地球人、科技人与完整人,以及探索取向的课程不谋而合。

所谓探索性,意指幼儿本其旧经验与知识,通过与周围环境中的人、事、物互动方式,包括:手动(动手操作、亲身体验)、心动(动心思考)、人动(人际互动:对谈与合作)、他动(相关事物皆配合牵动),以探索未知事务,或解决相关问题,最后发现答案、获得知识与增进探究能力。在探究过程中所运用的探究技巧有:观察、访谈、推论、查资料、验证、记录、讨论、比较等。而所探索的未知事物或相关问题情境均是幼儿在其每日生活中,或是在其社会文化情境中经常存在的,这些问题或议题诸如:环保小尖兵、我家附近、我生病了、神奇的电脑、世界你我他、小机器大妙用等。我们认为通过以上探究技能,以及人际间的合作、对谈,幼儿得以了解未知议题或解决相关问题,并在过程中体验求知、应变与民主生活。这样的课程与教学不仅足以让幼儿适存未来变动与竞争的时代,而且也强调心智思考与共同建构,亦符合社会建构论基本精神。总之,一个探索性的课程所强调的是培养幼儿的各项探究技巧,让幼儿运用各种探究方法去探索未知与解决问题,它不仅符合幼儿发展与学习特性——文化情境性、全人发展性、渐序发展性、个别差异性、探索建构性与具体经验性,而且也符应"与轮共舞"主张与社会建构精神,它与传统灌输讲授、照本宣科的课程与教学是截然不同的。

(二) 统整性

新时代课程与教学第二个要件是必须具有统整特性,所谓统整性课程是以一个主题概念或知识为核心,整合幼儿各领域/学科的学习。新时代课程目标之一是培育完整发展的个体,因此注重各领域均重且不偏废的统整性设计是最佳考量。统整性课程除了在课程设计层面统整了各学习领域外,根据课程专家 Beane(1997)所指,它还涉及"经验的统整""社会的统整"与"知识的统整"三个层面(将于第四章主题课程的意涵中叙述),可创造有意义的学习。的确就现实世界而言,当我们遭遇问题或困惑情境时,我们并不会停下来去问,哪一部分的问题是属于语文?哪一部分的问题是属于音乐?或属于数学?而是整体性地去思考运用什么样的知识,才是对解决问题最合宜、最相关的知识,或者是急切地寻求现阶段我们所未拥有的解决问题的必要知识。

总之,课程统整是指师生共同选定与生活有关且含涉多学科面向的议题或概念,作为学习的探讨主题,并设计相关的学习经验,以统整该主题脉络相关的知识、经验,并试图理解该主题或解决该问题。它具有几项特色:(1)师生共同设计;(2)建立民主社群;(3)以探讨某项主题为旨;(4)追求知识与实际运用知识;(5)有朝气、有活力与挑战性的教学(Beane, 1997)。因此它是培育新时代求知人、应变人、民主人、地球人、科技人、完整人的良好课程,更重要的是它呼应了幼儿的学习是全人投入的全方位学习形态。

二、教学特色

(一) 建构性

强调探索性的课程,其教学当然注重知识建构,儿童在探索未知议题或待解决问题情境的过程中,必须运用各种探究技巧,结果很可能就会发现与建构知识。而无论是科学性主题,或社会性主题均可运用探究技能,科学性主题可以运用观察、推论、预测、实验、比较、沟通等"科学程序能力"(Scientific Process Skills);社会性主题虽无法实验,但仍可运用访谈、查资料、对谈、讨论、比较、检视探索前后纪录等方式加以验证、澄清或统整自己的推论或想法。本书不仅强调建构性,更强调成人与儿童共同建构,共创理解。因此在建构的过程中,最大的特色是"手动""心动""人动""他动",即探究者本身的身心,以及周围环境所有的人、事、物均跟着活络起来。总之,学习者是主动且活跃地建构知识,而非被动收受知识。

(二)鹰架性

新时代教学特色之一是鹰架引导,即在师生共同建构中,教师给予适当的协助,引导其了解社会文化的重要价值与技能,以提升发展,在此一教室是学习社群的情况下,师生共创"共享的理解",以达心灵交会,此亦为民主社会的重要特征之一,符合培育未来新时代民主人的课程目标。至于鹰架的内涵各家略有差异,如:Lave 与 Wenger(1991,转引自 Bliss, 1995)提出:示范、教导、搭架、说明、反思与探索;Tharp 与 Gallimore(1988)提出:示范、弹性管理、回馈、讲授、提问与提供组织架构;Bodrova 与 Leong(1996)则提出:援用中介工具、运用共同活动与使用语文心智工具;笔者(周淑惠,2005)则提出回溯鹰架、语文鹰架、架构鹰架、同伴鹰架、示范鹰架与材料鹰架(将于第四章"主题探究课程/教学——意涵与实例章"中陈述)。不过大家均认为鹰架引导必须"渐退"其比重或主导性,上述幼儿能独立骑乘自行车的例子,就是在大人的引导协助下,逐渐体会平衡之道,而大人的引导协助是呈现适度的渐退状态,逐步减少协助,让幼儿得以发展自身能力。若成人的引导协助量持续饱和不减,如一直为幼儿把持龙头与车身,则幼儿就永远无法体验平衡之道,达独力骑乘之境了。搭构引导鹰架特别要注意的是,鹰架引导只有在儿童现有的最近发展区之内才有效果,我们不会也不可能预期五岁幼儿在鹰架引导下能表现十岁儿童的发展层次。最后,鹰架引导的主要目的是要帮助儿童建构知识,因此过与不及皆不恰当,过度强行引导无异揠苗助长,功效不彰且有碍身心,它与传统吸收论教学只有一线之隔,在运用时要十分小心。

(三) 游戏性

新时代教学要件之一是必须具有游戏性,因为研究显示游戏对幼儿的认知、语文、情绪、创造力、社会能力等各方面均有裨益,不但有助于新时代课程目标——完整个体的实现;而且在游戏中探索,带来丰沛的趣味性与学习动机,有利学习效果,因为幼儿在游戏时是全人全心地投入,常至忘我境界。著名的认知心理学家 Piaget 与 Vygotsky 均强调游戏对儿童发展的重要性,此外,Steels(2003)提出未来学习重要声明的第一项就是要让学习者有趣、好玩,游戏中探索则是最有利手段。至于游戏的种类可以是团体游戏、探索游戏或角落游戏,通过各种不同的游戏方式,带来强烈的学习动机与全人发展的效果。

三、课程设计特色

新时代课程设计上的特色是要兼顾计划性与萌发性,兹分别叙述如下。

(一) 计划性

为要培育求知人、应变人、民主人、地球人、科技人与完整人,与考量幼儿发展的渐序性,新时代的幼儿课程要有规划,要将求知探究的"能力",如:观察、收集资料、推论、访谈、验证、讨论、比较、分析、归纳、记录等与创造"能力",求知探究的"情意",如:喜欢探究之心、正向的探究态度、乐于创意表达等,以及涉及大、小肌肉发展的身体"技能"预先纳入课程计划之中。计划是课程之钥,在第一篇,我们开宗明义即提及,课程虽是幼儿园内所发生的事,但在现实生活中若无规划,即什么事也不会发生。尤其幼儿的发展是渐序性的,因此让幼儿有计划地练习,加深、加广各项技能与情意是极其必要的;再从社会建构观点而言,教学必先于发展,教学必须创造儿童的最近发展区,因此教师了解幼儿的最近发展区与预先的规划,就显得非常重要。Smith(1996)所言甚是,她认为根据社会文化论,强调老师是对幼儿的发展具有强有力的影响角色,因此老师必须观察幼儿,了解他们的文化架构,并且对于教学必须是非常有意识的,必须知道自己在做什么,以及为何如此做。简言之,为提供高品质幼教,必须要有良好思考的课程/教学目标,并根据目标加以规划幼儿的学习。

(二) 萌发性

新时代课程设计的另一个要件是必须具有萌发性,课程要有预先计划的成分, 也必须要有临时加入的空间。未来的学习要以孩子为重心(Steels,2003),在课程进行历程中,有时幼儿会对事先安排的课程中的某一项活动特别感兴趣,或是某项偶发的生活事件激起幼儿热烈的回响,这时候老师就应该有弹性容许临时萌发的课程内容,以满足幼儿的探究兴趣。我们皆知兴趣是学习之源,是探究的动力,当幼儿显现充分兴趣时,教师应把握时机适度调整课程。而有些时候是生活中偶发事件或社会上正发生的大事,具有教育上的重大意义也必须临时纳入课程之中,如:禽流感、肠病毒盛行等。我们认为,面对新时代挑战,必须要培育幼儿的"应变力",教师显现应变性,容许临时萌发的课程,将是应变力的最佳表率。此外,Krogh(1997)曾言:课程活动与教材不应该是静态的,老师必须视幼儿的进展调整难度、复杂度与挑战性;我们颇为赞同,幼儿的最近发展区是动态的,作为一个老师要经常了解并创造孩子的最近发展区。总之,幼儿课程/教学要能兼顾整学年的"计划性"与临时的"萌发性"。

综上所述,面对新时代培育求知人、应变人、民主人、地球人、科技人与完整人的课程目标和幼儿发展与学习特性——文化情境性、全人发展性、渐序发展性、个别差异性、探索建构性与具体经验性,以及在本书社会建构论精神下——强调知识是建构的、注重师生共同建构、力倡搭构引导鹰架、重视语文心智工具,一个富探索性、统整性、建构性、鹰架性、游戏性、计划性与萌发性的课程与教学,显然比较是我们所主张的课程与教学形态;就此,我们发现"主题探究课程"可能是较为合宜的课程/教学形态。因为它在课程上兼具统整特性与探索特性,而且在教学上也含括游戏性、鹰架性与建构性,并且在课程设计上统整考量计划性与萌发性。下一章即在介绍主题探究课程。

第四章

主题探究课程/教学——意涵与实例章

承上数章所言,既然在社会建构论下,主题探究课程/教学是较为符合幼儿发展与学习特性,以及新时代社会生活所需的课程/教学形态,本章则进一步探讨主题探究课程到底是什么?然即使是同一课程模式也有不同呈现面貌,主题探究课程/教学亦有不同走向,因此,本章列举课程与教学实例阐述理论在实务上的不同呈现,包括意大利 Reggio 主题探究课程/教学与笔者在台湾幼儿园所做的主题探究课程/教学研究。

第一节

主题探究课程/教学的意涵

一、主题探究课程/教学的意涵

"主题课程"(Theme-based Curriculum)是当代幼儿课程的主流,也是最能反映未来时代所需的幼儿课程。因为主题课程深具探究性。主题确立后,在师生共同探究、建构的历程中,不仅获得该主题的相关知识,而且也习得探究技能,因此它也是最能反映未来时代所需技能的课程。例如:在"我的城市"主题中,幼儿出外寻访与"观察"城市建筑、古迹;"访谈"城市名人与耆老有关城市的轶事历史、当今大事或未来建设蓝图;在教师协助下"查阅"相关书籍与

"上网"寻找城市相关资料;以绘图"记录"观察所见或访谈所得,或在教师协助下以文字"记录"所查询资料;同伴与师生间"讨论与报告"所获信息;"检视与比较"前后记录的差异等,均是在探究"我的城市"这个主题。它充满了求知力与行动力;而且在探究过程中不断地以各项探究成果来"验证"自己的想法或"推论";甚至在遭遇瓶颈时也能思考如何设法突破限制,"解决问题"。可以说在整个探究历程中,幼儿通过同伴与师生间的互动以及大量使用语文心智工具,不仅因其探究行动得以建构对我的城市的相关知识,包括:历史层面、地理方位、城市大事、城市组织与管理、景观与建设等;而且也从运用观察、访谈、查阅、记录、报告、验证、推论、解决问题等探究技能中,让这些能力更加纯熟精进。而这样的课程是在整个大的社会文化情境中,师生共同决定与共同行动的,再加上探究主题所必须运用与精进的技能,处处反映是适应新时代求知、应变、民主生活所特别需要的课程/教学形态。因此,本书将主题课程也称为"主题探究课程"。简言之,主题探究课程强调探究的精神,主题知识是学习者运用各种探究技能而获致的,有别于传统教师主导式的课程与教学。例如本章第二节意大利 Reggio 的课程/教学、第三节台湾及幼幼儿园的课程/教学,以及本书第五章第一节所举的"好吃的食物"主题课程/教学设计例子,均属主题探究课程。

而何谓主题课程呢? 它是一个有中心论点的组织计划活动,它统整了核心论点的相关概念与幼儿发展的各个层面,作为课程凝聚的核心。具体言之,它通常是师生共同选定与生活有关且涉及多学科面向的议题或概念,作为学习的探讨主题;并设计相关的学习经验,以统整该主题脉络相关的知识,以及试图理解该主题或解决该问题。我们认为任何的主题内涵均可探究,无论是偏向社会性的主题,如:我的社区、各行各业,或是较属科学性的主题,如:小种子的一生、光与影,或是二者兼具的主题如:地球生病了、旅行与交通工具,均可让幼儿运用求知探究能力去探索未知或解决问题,如上所述的"我的城市"主题即是如此。就此而言,一个幼儿园若要发展园本课程,强调地域特色与优势,就可以选定当地文化与相关议题作为课程探究的主题,如位于偏远山地的幼儿园,可以以山地原住民文化与优势的自然环境为主题内涵,这些主题诸如:好山好水、我的家乡我的根、丰收与祭典;而在幼儿探索山地文化与自然环境内涵时,强调手动、人动、心动与他动的探究历程,实际运用观察、访谈、查阅资料、记录、讨论、验证、比较等探究能力,建构对山地文化与自然景观的理解。

在教学实务上,主题课程有许多风貌,大体上而言,近年来所风行的"全语言课程"(Whole Language)、"萌发课程"(Emergent Curriculum)、"方案课程"(Project Approach),均是以一个主题概念或知识为核心,统整了幼儿各领域的学习,因此主题课程绝对是一个"统整性课程"。当今社会许多重要议题,诸如:环境保护、社区生活、人际关系、健康与疾病等,均涉及多学科或统整多学科;又在实际生活中遇到问题时,我们并不会把问题拆分为数学、语文、自然等方面,我们都是整体地看待问题,因此统整性课程有其重大意义。至于主题课程如何统整幼儿各领域学习,如图4.1.1所示,乃以中心的主题概念为核心,向外分析其次要概念或次次要概念,即该主题概念的"知识架构",而各概

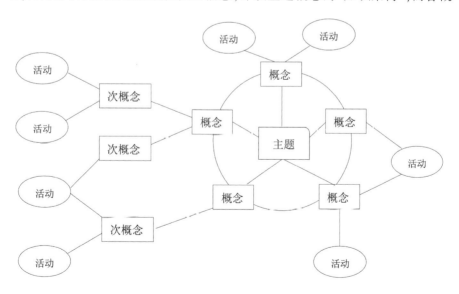

◎图 4.1.1 主题探究课程概念网络活动图
(统整性课程网络图,改编自 Beane,1997)

念间是相关的,共同构成了一个完整的主题;然后才在概念或次概念之下设计能达成该概念目标的各领域活动,包括:语文、科学、律动、美劳等。值得注意的是, 有些活动同时可以促进两个概念或两个以上概念的理解与探索,有些概念则有好几个不同的活动,同时均可助益于该概念的探索与理解。主题课程除了在课程设计层面统整了各学习领域外, 根据课程专家 Beane(1997) 所提,它还涉及经验的统整、知识的统整、社会的统整三个层面,叙述如下。

(一) 经验的统整

课程统整首先在统整学习者的经验。人们对自我与周围世界的看法是从其个人经验中建构与省思而来的,经验的建构与省思成为我们处理未来所遭遇——无论是个人或社会问题的一种重要资源。而统整性课程所涉及的学习经验是我们所无法忘怀的经验,它涉及两种方式的整合,一为新经验整合于我们现有的概念基模中,一为组织或统整过去的旧经验以帮助我们自处并运用于新问题情境中。具体言之,统整性课程可以统整我们的新旧学习经验,制造有意义的学习;因为当知识附着于情境中,有脉络意义可循,且与文化、背景、个人经验相关时,或者越是深度与精心地被探求着,就越可能被理解、学习与记忆。

(二) 知识的统整

课程统整背后所隐含的深层涵义之一, 即是将知识当作解决真实问题的一项工具,因为它是以生活中涉及各领域知识的议题让儿童探讨,在探讨或解决问题过程中,自然萌发运用新旧知识与追求知识的技能。"知识即力量",可用来解决问题,但是当知识被视为分科组织下的片段信息与技能时,它的力量则受限于科目界限而消失。越来越多的研究显示,寓于情境脉络的知识,尤其是情境与学生的生活经验相联结时,知识越是可及于学生,学习越是容易。当我们理解知识是整体性的,我们就越能弹性地、有如真实生活般(不分数学面、社会面、历史面等)地自由判定问题,并能运用广泛的知识去解决问题。

（三）社会的统整

课程统整也是一种社会性的整合，一个民主社会中的学校，其重要功能在于为各种不同背景的学生提供社会上所重视价值的统整经验，此常被称为"通识教育"，是每一位社会民众所必备的知能。它的课程是以个人或社会上所发生的重大议题为探讨中心，由师生共同计划与实施，体认并施行各领域知识的统整，以获得通识知能。在此一师生共同创造的社会性统整、民主化教室情境中，知识对学生而言，更可接近、更富意义。

二、主题探究课程/教学的益处

至于主题探究课程/教学有什么好处呢？我们认为它可以纾解分科课程的缺失、促进有意义的学习，充分符合幼儿发展与学习的特性，达到培育完整幼儿的教育目标；而且它可以反映新时代社会需求，培育适存于未来社会生活的公民。

（一）纾解分科课程缺失

幼儿的学习是无法分割的，主题课程具统整特性，符合幼儿全方位学习的特质，让幼儿的学习不致割裂破离，无法理解与联结。因此主题课程可说是解决当今"分科教学"缺失的灵药。分科教学最大的缺失是在有限的授课时间下，为完全涵盖所有科目内容，必然形成幼教学者 Elkind（1988）所言"急速课程"（Hurried Curriculum）的赶课现象，培养只学到肤浅教材内容的"急速儿童"（Hurried Child），不仅所学肤浅，而且内容支离破碎，毫不相干，形成理解与运用的困难。此外，各科教师间基于本位主义，常流于抢上课时数的现象，完全不考量幼儿才是学习的中心。统整性课程除明辨各科重叠处，减少赶课时间外，还凝聚与联结儿童的经验，促进理解，引发更多的新学习。

（二）促进有意义的学习

主题课程的探究主题通常是幼儿感兴趣的重要议题，或是必须体验的重要经验，如：与时令庆典有关的节庆，或是周围社会中正发生的重大事件与议题，或是幼儿生活中的重大经验；而且是通过生活化的探究行动，在实际运用知识、技能中，获得宝贵的知识、技能。具体言之，知识被视为理解问题或解决问题的重要工具，儿童一边探究，一边运用知识并获得知识；可以说，知识寓于情境脉络，深具意义，易于理解。因此，主题探究课程对幼儿而言，是最容易理解的，是最贴切、最有意义的课程。

传统分科课程的知识乃为传授而传授，毫无情境意义，可以说是偏重"脱离情境脉络的知识"，忽略"行动中的知识"。而且支离破碎、毫无关系的分科学习，在科技整合的当代，似乎无多大意义，它留待太多的联结工作给儿童自身，导致儿童无法理解。相对地，主题探究课程具统整性，课程整合是让课程内容对学生有意义的非常重要策略，而且当儿童亲身体验各科整合以探讨某一主题的过程，必然会增进其对科技整合必要性的理解，为未来时代做准备。

(三) 符应新时代社会需求

幼儿园课程制定必须以培育未来社会所需技能为最高宗旨，而主题探究课程深具探索性、统整性、建构性、鹰架性、游戏性、计划性与萌发性，不仅符应幼儿发展与学习特质，能促进有意义的学习，而且也能培育符合新时代社会生活所需的技能。此乃因为主题探究课程在师生共同决定主题与共同探究下，在过程中运用相关探究技能，包括：观察、查资料、验证、推论、比较、讨论、访谈、记录、分析等，最后不仅建构主题相关知识，而且也精进探究相关技能，因此它是最能反映未来时代社会生活所需的课程，也是最能培育求知人、应变人、民主人、地球人、科技人与完整人的课程。

(四) 培育完整幼儿

主题探究课程以中心主题或概念为核心统整各领域的学习，在过程中运用各种探究技能，因此，不仅重视知识的获得，而且也非常强调求知、应变的技能，以及喜欢探究、乐于创意表达、正向自我等情意面向；换言之，幼儿在实际运用知识与解决问题历程中，同时获得知识、技能，以及培养情意与态度。而就另一方面而言，学习面向统整涉及各个学科领域，绝非分割片段，符合幼儿以身、心、灵全方位学习的特质；而且也同时统整了孩子的经验、知识与社会的价值，因此易于培育完整幼儿。

综而言之，主题探究课程充分符应第三章所揭示的新时代课程/教学应有的特色：探索性、统整性、建构性、鹰架性、游戏性、计划性与萌发性，有利于新时代课程/教学目标的实现——培育求知、应变、民主、地球、科技与完整人。而且它也符合第一章所提及幼儿发展与学习的特性——文化情境性、全人发展性、渐序发展性、个别差异性、探索建构性与具体经验性。更重要的是，它强调师生共同建构，符合本书理论基础与精神——社会建构论。各幼儿园可以将地域文化与优势、园所特定目标（如美德等），以及未来新科技与生活等作为主题内涵的考量，发展有特色的园本课程；并且在教学上通过师生共同建构与探究，得与未来时代共舞，培育能适应于未来社会的完整个体与公民。因此，主题探究课程可能有多种风貌，因每个园所的目标、优势与地域特色均不相同，最重要的是，无论是何种风貌均要强调"与轮共舞"的时代目标，在课程/教学中注重探究能力的培育。

第二节
Reggio 主题探究课程/教学实例

本节旨在以实际施行的课程/教学例子，来说明具有社会建构特色及符应新时代社会需求的"主题探究课程"。我们详述在国际间颇负盛名，而且充分反映社会建构论与主题探究精神的意大利 Reggio 幼儿园的课程/教学实例，包括其理念、实务特征，以及其曾进行过的主题探究实例，盼借此翔实介绍能深入浅出地呈现社会建构论与主题探究精神，促进理论与实务间的联结。

一、理念——社会建构观点

Reggio 幼儿园的教学无疑的是建构取向，而且是立基于社会建构理论的。它认为知识不仅是建构，学习不仅是个别行动，而且知识是共同建构的，学习是与人有关、与他人共同建构的（Moss, 2001）。Forman（1996）也指出

Reggio 幼儿园的建构主义表现于几方面,实充分显现共同建构特色:(1)鼓励幼儿间的交流对话,了解彼此观点;(2)建立全体对一个探究主题的共同理解;(3)促进孩子想出想法、假设或是做结论;(4)鼓励幼儿检视这些想法的可行性与完整性。

基本上 Reggio 对孩子的基本假定是:"孩子是能自发地通过计划、与他人协调及归纳的心智活动,从每日生活经验中创造意义。"(Malaguzzi, 1993)诚如 Rinaldi(1993)在《孩子的一百种语言》一书中所提,Reggio 对孩子的意象是丰富的、强壮的与有能力的,充满潜能与弹性。不过,Reggio 创始者 Malaguzzi(1993)曾明白指出:Piaget 的建构主义孤立了儿童于建构知识中的角色,因此显示几个重要缺憾,诸如:低估成人在促进认知发展上的角色,很少重视社会互动,呈现思考与语言间的鸿沟等,因此 Reggio 开始把注意力转移到认知发展的社会互动角色上。Reggio 教学专家 Rinaldi(1993)亦言,所有的知识是由自我与社会建构过程而产生,Reggio 的教育方式是将每个儿童放在与别的儿童、教师、父母、自己历史、社会以及文化环境发生关联之上。

因此 Reggio 教室就是一个大的"学习社群",内有许多学习团体,学习团体的四个重要特色是:成员包括成人与幼儿;制作帮助学习明显可见且能形塑所正发生的学习的"档案纪录"(documentation);学习团体的成员共同从事情感、美学与智能方面的学习;学习团体中的学习延伸于个人学习之外,最后创造一个集体知识(Krechevsky & Mardell, 2001)。而其重要指标有八:(1)成人与幼儿均觉他们对整个大的团体有所贡献;(2)幼儿表现出持续成长的感觉,并乐见其理论被修改、发展与精进;(3)个别孩子的发现成为学习团体思考的一部分;(4)一段时间后,学习团体的成员巩固他的概念,并能运用所获概念与能力于不同情境;(5)评量与自我评估是具指引学习团体学习程序的重要方式;(6)共同合作策略是学习过程中的重要部分,并决定学习的品质;(7)团体所设定的目标是经由统整手边的工作程序与内涵而达成;(8)儿童与成人使用思考与情感的语言(Krechevsky, 2001)。

而针对语文是探究行动的心智工具,Malaguzzi(1993)曾夸赞 Vygotsky 提出一个非常珍贵的教育洞见,那就是:思考与语言共同运作形成想法,并做成行动方针,然后据以执行、控制、讨论、描述此一方针。然而,Reggio幼儿园不仅强调孩子在探究时运用语文心智工具,如讨论、陈述观点,而且也很重视运用各种形式的表征工具,因为孩子本就具有一百种表达的语言,即多种表达方式,例如:绘画、雕塑、肢体表现等,而且也乐于表现(Edwards, Gandini, & Forman, 1993)。在通过各种表达媒体与方式,幼儿表露其现阶段的想法、假设、理论,甚至行动方针,再经持续不断地表征、分享、讨论、实作与重访经验(revisiting)等步骤,孩子则会从过程中试图修正其想法;我们从孩子在不同阶段的丰富绘画或雕塑作品中,即可看出孩子的心智变化。因此艺术媒体不仅有表征功能,且是一项重要的心智工具,持续不断地表征成为Reggio幼儿探究知识的一项重要方法。整体而言,Reggio幼儿园给人的第一印象是一个充满"艺术表征与对话交流的学习社群,社群中的每个学习团体均表现出相互支持性与了解性"。

至于就社会建构论的重要特征之一——鹰架引导而言,Malaguzzi(1993)明白指出Vygotsky的最近发展区理论给予教师教学时适当介入的价值性与正当性,因为Reggio幼儿园看出"教"与"学"的对立困境,以及无法脱离社会情境面获知知识的生态社会性。因此,Reggio幼儿园的教师在幼儿探索时也会适时搭构鹰架与介入,支持与持续幼儿的建构行动。

二、实务——学习社群特征

Reggio幼儿园"学习社群"的特征具体而微地显现在其环境空间、教学成员、教学策略,与教学角色等各个层面上,现分别叙述如下。

(一)环境空间

正因为社会互动被视为认知发展的一个重要部分,Reggio幼儿园的空间被规划成能促进彼此交流互动之处。Rinaldi(1990,引自Gandini, 1993)曾指出:"孩子必须感受整个学校的空间、教材与探索方案,是重视与维护他们的互动与沟通。"Malaguzzi(1996,引自Nutbrown & Abbott, 2001)并言:

"环境应作为一种反映想法、伦理、态度与当地文化的水族馆。"因此 Reggio 空间大致上有几个重要特性:尊重个人与群体,具有大、小空间且与外界相通、适宜人居的"整体柔软性"(Overall Softness);强调丰富感官刺激与尊重不同感受的"多元感受性"(Multisensoriality);珍视研究、实验,是一个实践建构主义场所的"建构知识性"(Constructiveness);强调各种不同元素交互作用,产生动态平衡和谐美的"丰富常态性"(Rich Normality)(Ceppi & Zini, 1998)。

具体而言,Reggio 幼儿园通常是很明亮的,阳光充足,有落地大窗,或者玻璃隔墙,显示社群感,而墙面大都为白色,环境中的彩色是幼儿的各样表征作品。另外有许多大小不等空间,方便小组互动、大团体集会与个别独处。整体而言,Reggio 幼儿园的环境空间充分显示是支持儿童社会互动、探索与学习的一个场所,比较特别的有如下设置。

1. 集会广场(Piazza)

学习社群显现在环境上最明显的特征是中心集会广场的设置,它是幼儿分享游戏与交流会谈之所,里面的陈列布置充分显示园内、社区的层层文化。广场上通常设有镜子与棱镜,供幼儿们从各个角度观察自己,建立自我认同,也让外在环境能延伸反映于内部空间中(图 4.2.1)。

◎图 4.2.1 集会广场(本图取自 Ceppi & Zini, 1998)

2. 艺术工作室(Atelier)

艺术工作室通常紧邻每班教室旁,是一个充满表征媒材的小空间,其功用有三:提供一个让儿童精熟各种表征媒材的技能之处,帮助成人了解儿童的学习历程、沟通表达与认知发展之处,以及提供教师制作儿童学习档案纪录的工作坊(Vecchi, 1993)(图 4.2.2)。艺术教室中有驻校艺术教师,有丰富的经验

与资历,他也是学校中的一个正式
成员,协助幼儿以各种媒材表征其
想法。

　　3. 档案纪录展示面版(Doc-
umentation Panel)

　　幼儿园墙面上到处贴有显示
幼儿学习的"档案纪录展示面版",
记录着幼儿园中各个团体的各项
研究方案的学习轨迹,显示幼儿的
研究成果,供家长、社区欣赏与讨

◎图 4.2.2　艺术工作室（本图取自
Ceppi & Zini, 1998）

论,增进社区对幼儿园的了解(Nutbrown & Abbott, 2001)。而展示面版上的记
录,不仅有照片与文字,而且其文意充分显现记录者的省思与分析。

（二）教学人员

　　共同工作深植于 Reggio 幼儿园的每件事务上。事实上教师与幼儿、幼儿
与家长、厨工与幼儿、幼儿、教师与驻校艺术教师、幼儿与幼儿间等,均工作在
一起,教学责任是共享分摊的,不只落在班级教师的肩上(Knight, 2001)。

　　1. 协同教学教师(Co-teachers)

　　每班有两位协同教学教师,均负责教学与班务,两人合作且互补。例如一
位教师教学时,另一位教师可担任与别班教师、家长或教学专家进行沟通联
络工作,展现协同合作榜样供幼儿学习。

　　2. 驻校艺术教师(Atelierista)

　　艺术教室中有驻校艺术教师,有丰富的经验与资历,也是园内的一个正
式成员,协助幼儿以各种媒材表征其想法。每天早上艺术教师会巡视教室三
次,了解儿童的表征工作;有时直接介入孩子的学习,介绍新的表征素材,创
造从未发生在孩子身上的可能性;有时提供教师咨询意见,并帮教师看见其
原本无法看见的视觉可能性(Vecchi, 1993)。基本上,他必须与教师、家长与
教学专家等密切合作,以帮助孩子建构知识。

3. 教学专家(Pedagogista)

教学专家是 Reggio 系统很特别的设计,他既担任局内人角色,也担任局外人角色。局内人是指他促使教师省思孩子的学习;帮助教师改善观察与倾听技巧,为孩子的方案计划做档案记录与执行自己的研究。局外人是指他鼓励幼儿园通过访问与研讨,与家长、社区、城镇,或是更广大社会,甚至国际社会,交流合作。

(三) 教学策略

Reggio 社会建构取向的教学有下列七项重要策略与特征,在整个学习社群深入建构每一研究主题(方案)时,这些教学策略乃充分发挥作用,促进社群的共同探究行动,此即所谓的"鹰架引导"。

1. 重温旧有经验(Revisiting)

在进行一个方案探讨前或在探讨过程中,教师会请幼儿们回忆一个事件,幼儿你一言、我一语,共同勾起尘封往事,共筑集体印象与记忆(Forman, 1996)。重温记忆常伴随着照片、录音甚或录像的呈现,事实上,每个礼拜幼儿均观赏上一个礼拜的探索进展照片,以创造共同记忆并且聚焦于正在探索的主题。为帮助孩子重温想法,让思绪更加清晰可见,教师经常要求幼儿运用表征媒体——绘图、雕塑、木工、模拟情境、硬纸工等,以及孩子的话语,以表达他们现阶段的认知或理解。这种强调不断回溯、重访经验,以旧经验为向上建构知识的基础,对幼儿的学习不仅极富意义,而且帮助极大。

2. 鼓励协同合作(Collaboration)

社会互动是儿童学习很重要的部分,通过共享活动、沟通、合作,甚至冲突,孩子共同建构对世界的知识(Gandini, 1993)。详言之,教师会尽量鼓励幼儿间分工合作,形成许多小组,共同完成一项工作;即在同一时间内,教室中各个区域充满各种学习活动与团体;基本上,幼儿可依自己的兴趣、年龄、能力等选择学习团体一起共同探究。教师通常会给很充足的时间让幼儿讨论、发展合作计划,重温之前的绘画表征或活动照片,以及评论表征作品或活动照片(Nutbrown & Abbott, 2001)。在协同合作过程中,儿童必须专注于彼此间的协调磋商以及自我观点的修正与建构。

3. 促进交流对话

为促进学习社群的运作,在幼儿探索过程中,无论是在重访经验、展现表征作品、拟订行动计划或是在共同合作进行方案时,教师均会鼓励幼儿尽量交流对话。在团体中,孩子有时发表,有时倾听,成员均意识自己对团体有贡献意见的义务,也期待他人会给予意见。在过程中,孩子们也会运用某一个孩子的想法,延伸其他想法或是引发所未曾探索之事(Gandini, 1993)。

举例而言,在 Reggio"人群"探索方案中,当有幼儿被质疑画出面朝同一方向前进的人潮时,该幼儿解说是因为他们都是朋友,都往同一方向去。其他幼儿立即提出疑问,认为在人群中不见得都是朋友,而且走在假日时的人潮,到处被碰撞,人潮其实是从四面八方而来的。因此有人建议必须画一些背面、侧面的人群,不能全画正面的人。当有幼儿推说不会画背面,其他幼儿则说:我们必须学习如何画(张军红、陈素月、叶秀香等译,1998)。

4. 提供多元媒材

在幼儿探索过程中,教师与艺术教师通常会共同合作,提供各类表征媒材让幼儿自由运用,以表达探究过程中的种种想法。这些媒材通常均是会引发幼儿探索、实验行动的材料。例如:投影机、幻灯机、计算机,以及各种艺术表达媒材,如:黏土、水彩、积木、布条、纸卡等。例如在"剧院帘幕"方案中,幼儿就是将其所绘的草

◎图 4.2.3　华丽的剧院帘幕(本图取自
　Vecchi, 2002)

图输入计算机,运用计算机科技扩增图形变化的各种可能性,刺激幼儿思考,创作华丽的剧院帘幕(Vecchi, 2002)(图 4.2.3、图 4.2.4、图 4.2.5)。

5. 表征幼儿想法(Representation)

幼儿通过各种媒材表征想法时,通常是表达外在记忆,或显现幼儿现阶

◎图 4.2.4 幼儿分工制作帘幕(本图取自 Vecchi, 2002)

◎图 4.2.5 幼儿把草图放进电脑软件,观察图形变化以刺激灵感(本图取自 Vecchi, 2002)

段暂时的理论、假设或代表现阶段某一行动计划。艺术被视为表达一组关系系统(Forman, 1996)。换言之,艺术是一种探索工具,让幼儿的思绪展现、流露于学习社群,引发之后的热切讨论。通过不断的表征、重访经验以及表征后的交流讨论,幼儿的思考愈来愈清楚,且有机会看到不同观点并试图修正自己的观点。

6. 倾听各种表达

Reggio 幼儿园教师不仅要求幼儿以各种方式表达想法,而且要求幼儿能倾听他人表达。诚如 Rinaldi(2001)所言,倾听是任何学习关系的前提,通过倾听,幼儿可以学习协调不同的观点。因此,在学习团体中,成员以所有的感觉(听觉、视觉、触觉等)开放、敏感地倾听他人所表达的百千种语言、符号等,是很重要的,也是团体共同的期待行为。

7. 记录探究轨迹并展示(Documentation)

Reggio 教师的另一项重要工作是,每日捕捉、记录与分析幼儿建构历程与策略,将文字与照片贴于版面上;此种学习档案纪录是叙事性的,它吸引人之处在于呈现资料之余并有丰富的问题、疑惑与省思,它表达了记录者创造意义的努力。它的功用在于让幼儿随时可重温记忆;让幼儿的学习过程与策略清晰可见、可评估;让各主体间(教师、家长、幼儿、社区人士等)拥有共同可讨论的事务。它可以说是知识建构过程中统合的部分,大大地强化了学习的效果(Rinaldi, 2001)。这种档案纪录展示方式也让家长与广大社区了解孩子的努力与学校的用心,更能支持孩子的学习。

(四)教学角色

教师在 Reggio 学习社群中很重要的角色是倾听者、观察者,提供发现与欢乐机会的"促进学习者",只有在重要时刻才介入,一反传统传输知识者角色。Rinaldi(1999,引自 Scott, 2001)所言甚是:"假如我们深信在知识建构过程中,幼儿拥有他们自己的理论、解释与问题,那么在教育实务上最重要的动词不再是说教、解说与灌输,而是去倾听。"作为一个"促进学习者",教师乃通过活跃、互惠的对谈交流,成为孩子随手可取的补充资源,建议想法与提供多元选择,是幼儿的支持源头(Malaguzzi, 1993)。因此 Rinaldi(1993)指出对教师角色很大的挑战是:为了要让正在发展中的认知与社会互动,得到最佳的支持,正在发展中的认知与社会互动,成人必须出现,但又不能干扰打断,强行灌输。

但 Reggio 的教师并不是完全放任幼儿建构,在 Vygotsky"最近发展区"理论影响下,必要时教师也会适时介入,例如:当孩子表现濒临向前跃进,快要看见大人所见之际, 成人可以并且必须提供幼儿判断意见与知识(Malaguzzi, 1993);有时教师必须通过挑战幼儿的答案,引发有成果的认知冲突;而有些时候教师必须采取行动,以让正在建构中的知识,因不符目前认知发展层次,导致失掉兴趣的一个探索情势,得以重新复活(Rinaldi, 1993)。教师的另一个很重要角色是记录幼儿的探究轨迹,制成学习档案海报,让孩子可以重访这些探索轨迹,已如上所言。作为一个促进学习者,当然教师也是一个"环境提供者",提供富多元刺激的环境让幼儿探索,以及准备学习档案海报供幼儿重访经验与讨论。在这样的观察、倾听、记录与准备环境的"促进学习"角色下,教师跟随着孩子的兴趣与发展,因此,课程好似一个旅程般,随时有意想之外的发展,教学主题则变成幼儿的探究方案(Krechevsky & Mardell, 2001)。除此外,教师也是一个"研究者",将研究带入教学中,经常省思所搜集的观察记录与录像带,并将其带入教学会议中分享、讨论,以达改善教学的目的。

三、主题探究实例举隅——小鸟乐园

此处以"喷泉:为小鸟建造乐园"这个主题方案来描绘 Reggio 的建构教学(张军红、陈素月、叶秀香等译,1998;黄又青译,2000)。"喷泉:为小鸟建造乐园"这个主题的最初想法是要设置一池清水给栖息在校园里的鸟儿们解渴,经班上幼儿的对谈讨论,抛出许多有趣的想法。因为小鸟既会口渴,也会肚子饿,也会疲累等,所以盖鸟屋、秋千、喷泉、摩天轮等想法纷纷出笼,最后大家共同决定要帮小鸟盖有很多喷泉的乐园,每一位幼儿均跃跃欲试,急于探索。

接着幼儿们用了两个早上的时间到城里去观赏各式各样的喷泉,一面观察,一面发表看法,并且拍照留存与绘图记录。回到教室后大家纷纷分享其观察所见与其所绘的图,如以下幼儿之言。

> 费力波:"我看到的那个喷泉,它的第一层水是平平地流出来,第二层喷得比较强,然后最后一层的水就从管子里往上喷。"

讨论过后,幼儿们绘画、制作模型,将喷泉想法表征出来,于是幼儿们制作的喷泉模型陆续出笼,例如:天使喷泉、雕像喷泉、弯弯彩虹喷泉等。

> 乔尔嘉:"我的喷泉有一个台子撑着,从中间管子流出来的水就装在这个像杯子一样的地方。水从左右两边流出来。喷泉把水像涌泉那样喷出来,这是一个像弯弯彩虹的喷泉,也是一个哭泣的喷泉。"

而幼儿对于喷泉是如何运作的,都有他自己的"天真理论",这些天真理论如下(张军红、陈素月、叶秀香等译,1998;黄又青译,2000):

> 安德烈:"喷泉一直在动,水从地下的管子流出来……是输水管让喷泉的水不停地流的。输水管的水永远都是满满的。下雨的时候,水就从天上来……最下面一定有一个马达能把水推到上面来。"

> 费力波:"为了让喷泉更漂亮,他们做了不同的喷水口,水就从输水管流到水管。当水管倾斜向下流的时候,水流的速度就会变快,然后流到喷水口那里,水就这样不断地流。……只要一下雨,输水管

里面就满满的都是雨水。空气会把水推出来,输水管里好像有一些大型的压缩机,可是你看不到……"

西蒙尼:"我觉得所有喷泉里面都有很多水管,所以才能喷水……可能水会一直往上喷,一直喷到最上面,一直到树梢那么高的地方。"

幼儿们经过制作模型、绘图,表达自己的想法,并且彼此间经过多次讨论后,已经获得一些有关喷泉的信息,也知道每个人都有不同的想法,以及自己不知道的还有很多。于是教师适时介入在教室里架设起水管、输送管、水槽、水盆、水车等可以实验的工具与情境,让孩子动手操作实际验证他们自己对喷泉的想法。幼儿边玩边探索水流快慢、喷水状态、水车转动,以及水流速度与水道斜度的关系,从中发现许多有趣的知识。例如:幼儿知道用手指压住水管口,水就会喷得远且水花细密;水道如果稍微倾斜,水就会往下流动;以及水是随着容器变化的液体等。

◎图 4.2.6　摩天轮喷泉 (本图取自黄又青译,2002)

经过实际的玩水实验,幼儿们验证自己的想法,以及之前的绘图、制作模型、观察真实的喷泉,再加上不断地分享、讨论自己的表征作品;幼儿终于知道如果要做真的喷泉,水压要够大才行,而且也知道要用硬的材质如铁、木头等,并且要在模型里面放水管才能喷水。在最后的小鸟乐园开幕典礼中,各种好玩的喷泉出现,例如:有给鸟玩的"摩天轮喷泉"(图 4.2.6),水可以顺着管子向上流到轮子上,轮子就动起来;有由两把伞制作而成的"雨伞喷泉"(图 4.2.7),水会从伞骨流出到下

◎图 4.2.7　雨伞喷泉 (本图取自黄又青译,2002)

一把伞,然后流到地上水池。此外,乐园里还有其他可供小鸟玩乐的设施,如:滑梯和秋千、升降梯、水车等,这些东西均是幼儿帮他们的朋友——小鸟考量而设计与制造的。而社区家长们均前来观赏、参与此一小鸟乐园开幕典礼的盛会。

爱连娜:"我做了一个轮子喷泉,它是鸟的摩天轮游乐园,那里有彩色的木椅子,有一根支撑其他木棍的大柱子,这些椅子给小鸟休息用……水从一根管子流到车轮子上让它能转动。"

娃莲蒂娜:"前几天我在水槽里用吸管做了一个喷泉,我放了几个风车和一些让水流出的吸管,水从吸管中流出来,流到风车上,风车就会转起来。"(图 4.2.8)

从以上"喷泉:为小鸟建造乐园"的课程/教学实例中,充分显示幼儿的能干与潜能,以及教师与幼儿共同建构的情景。当在最初论及为小鸟制造

◎图 4.2.8 吸管喷泉(本图取自黄又青译,2002)

乐园时,每个人均急于尝试,有幼儿觉得很困难,其他幼儿就说:"乔万尼和老师会帮我们,我想试着做看看。"可见教师给幼儿的意象是永远会与幼儿同在,提供必要支持与协助的。举例而言,当幼儿多次以模型、绘图表征对喷泉的想法,而且也已对谈讨论许多次后,教师适时介入,在幼儿协助下共同搭建了一个很棒的实验场景,让孩子可以动手操作与验证自己的想法。而在最后的小鸟乐园展览会中,有关水管的架设、大的模型如风车的架设,均是由教师与幼儿共同合作的。在整个探究历程中也充分流露 Reggio 的教学特征:重温旧有经验(喷泉照片、绘画与模型表征)、鼓励协同合作(全班合力制作一个包罗万象的小鸟乐园)、促进交流对话(针对幼儿想法、作品彼此给与意见)、提供多元媒材(包括水管、雨伞、水盆、黏土、风车、轮子

等)、表征幼儿想法(通过绘画、模型与口语交流)等。而就整个学校的环境而言,它延伸于户外,甚至整个城镇,是充满乐趣的,是幼儿省思想法的"水族箱",同时也充分反映居于其中人们的文化与态度(Rinaldi, 2003)。可以看出整个社区、家长均关心幼儿的学习,积极参与最后的成果发表会。总之,从此一喷泉课程实例可以看出在师生共同建构的场景中,幼儿通过各种表征与探究方式,包括艺术、语言、操作实验等,以探究喷泉与小鸟乐园的生动的课程与教学,无疑地,这是一个主题探究课程。

第三节

台湾主题探究课程/教学实例

　　近年来,台湾有一些幼儿园在课程与教学上非常用心,也实施主题探究课程/教学,例如经常出版课程纪实的台中爱弥儿幼儿园,与以艺术为特色的四季幼儿园。我们以爱弥儿"鸽子"主题为例,说明其主题探究精神。在孩子自己记录的"鸽子的研究书"中(图 4.3.1)充分显现孩子乃通过各种探究能力,如:观察、记录、推论、实验等,建构鸽子的知识与了解,包括:鸽子吃什么? 如何飞行? 会游泳吗? 等(台中爱弥儿教育机构、林意红,2002)。

　　而笔者曾于新竹市私立及幼幼儿园进行为期两年的研究,其重点是以社会建构论为精神,实施主题探究课程/教学;所强调的是师生共同建构、于探究中运用语文心智工具,以及教师搭构引导鹰架帮助幼儿学习。社会建构论已于第三章中阐述,且于上节 Reggio 主题探究课程/教学中复加说明,因此有关及幼幼儿园的主题探究课程/教学的叙述将着重在实务方面,以供有心实施主题探究课程/教学的实务工作者参考。读者将可发现及幼幼儿园的主题探究课程/教学是与意大利 Reggio 课程/教学不同的,但是二者均非常强调知识的探究与建构,以及教师的鹰架角色。本节包括二部分:第一部分将以两个主题探究的课程/教学实例,说明其社会

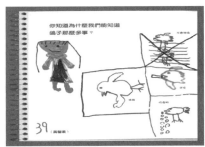

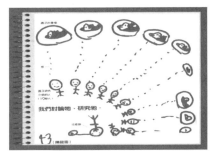
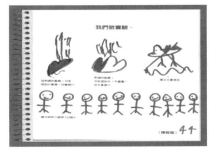

◎ 图 4.3.1 爱弥儿幼儿园"鸽子"主题探究(本图取自台中爱弥儿教育机构、
林意红,2002)

建构教学与探究成分;第二部分则进而分析其教学引导策略,即所提供的
教学鹰架。

一、及幼幼儿园主题探究实例

为了解及幼的主题探究课程/教学,此处将以"美丽的春天"与"千变万化

的衣服"两个主题为主,分别说明社会建构教学与探究精神,而于文段分析必要时,方以其他主题实例补充之。

(一)"美丽的春天"主题

"美丽的春天"主题约进行十周,其主要教学活动有:浇水实验、外出赏景与赏樱、查图鉴找花名、测量与记录气温、"春冬有何不同?"分组讨论与发表、"春天的活动"亲子作业与分享、"我们研究春天的事情"、春天主题成果发表会、主题最后统整活动,及期初/期中/期末主题概念讨论等。现举数项重要活动分析与说明其社会建构与探究成分,并请见图4.3.2(1)~(11)。

表4.3.1　"美丽的春天"主题的社会建构与探究成分分析

主要教学活动	社会建构与探究分析
浇花实验	★实验前师生"**共同讨论**"、"**辩论**"实验变项、"**预测**"结果;"**实验**"过程中"**操作**""**观察**";花枯了,孩子"**假设**"让花晒太阳就能救活花,于是晒太阳再"**实验**";最后"**比较**"前后结果,"**作结论**",并"**排序**"浇花过程中花况变化的图卡。 ★在团体讨论时,孩子"**分享**"在家浇花经验;教师"**搭构言谈鹰架**",在浇花实验过程中,让幼儿"**讨论**"与"**思考**";教师也用摄影方式,"**搭构回溯鹰架**"让幼儿"**比较**"花况前后差异。
外出赏景与赏樱〔图 4.3.2 (1)、(2)、(3)〕	★外出"**观察**"景物,"**比较**""**讨论**""**发表**"与上次外出时景物的差异变化;"**记录**"(画)外出观察结果;"**排序**"樱花生长状况变化的图卡。 ★教师经常带幼儿外出到社区散步（每周约一~二次),并以电脑播出或打印数码照片,"**搭构回溯鹰架**",让幼儿"**比较**"景物前后差异。
测量与记录气温	★每日固定"**测量**"温度,"**阅读**"度数;"**记录**"(画)每日气温;最后"**归纳**""**春天气温多变**"。 ★较大幼儿能读出度数并"**绘记**"在天气变化图表上,"**引导**"其他幼儿看出"**春天气温多变**"("**搭建同伴鹰架**")。

主要教学活动	社会建构与探究分析
查图鉴找花名（外出角）〔图4.3.2(4)、(5)、(6)〕	★ "观察"社区与教室真花特征，"比较"图鉴、"寻找花名"并书写出花名卡；最后"归纳"与"发表"比对真花与图鉴的观察重点。 ★ "教师与幼儿一起比对"图鉴，"讨论"真花与图鉴的异同，并**请教社区妈妈**花名与种类。教师也因此认识了不少花。 ★ "外出角"的五位幼儿呈混龄组合，以较大同伴引导其他幼儿查图鉴、找花名（**"搭建回溯鹰架"**）。
"我们研究春天的事情"〔图4.3.2(7)〕	★ **"共同回忆""讨论"**在教室中所正进行的探索活动与细节。教师将幼儿讨论出的活动书写 "我们研究春天的事情"在看板上，并将各项活动照片贴在旁边，帮助幼儿聚焦目前探索重点，搭构**"回溯鹰架"**，且显示**"学习社群"**感。 ★ 幼儿在教师书写的各项探索活动文字旁，用**"图画注解"**其意，帮助阅读并统整经验。
"春冬有何不同？"分组讨论与发表〔图4.3.2(8)〕	★ **"讨论""比较"**春冬异同；**"记录"**讨论结果于海报；分组**"发表"**结果；最后教师**"统整"**。 ★ 各组分别**"讨论"**，组员**"合作记录"**；然后各组**"发表"**，组间则**"相互观摩""共同学习"**。 ★ 每一组成员中均有大、中、小组幼儿，以较大同伴引导其他同伴学习（**"搭建同伴鹰架"**）。 ★ 记录有春冬异同讨论结果的五组海报贴在教室布告栏下方，供幼儿**"阅读与讨论"**（**"搭建回溯鹰架"**）。
"春天的活动"亲子作业与分享〔图4.3.2(9)〕	★ **"与父母一起寻找资料"**亲子作业单——在各地进行的春天活动；轮流**"发表"**资料内容与找寻资料途径。 ★ 教师也**"分享"**他找资料的途径；全班借个人分享**"共同得知"**各地其他各种活动，并**"一起决定"**春游地点。 ★ 各项春天活动贴在布告栏中，让幼儿**"阅读与讨论"**（**"搭建回溯鹰架"**）。

主要教学活动	社会建构与探究分析
春天主题成果发表会（事前筹备与发表会）〔图4.3.2(10)、(11)〕	★"教师与幼儿共同思考"与"讨论"如何呈现班上研究成果给家长，以及呈现哪些内容？ ★教师带领幼儿分组"讨论"与"合作制作"邀请卡、参观海报与参观路线图等；幼儿预演后在成果发表会中实际当小小介绍员，"导览家长"。 ★在准备发表会过程中，教师为组内与组间幼儿"搭构言谈对话鹰架"，以促进彼此间的协调与统整。

图 4.3.2　及幼幼儿园"美丽的春天"主题探究

◎图 4.3.2(1) 外出观景，观察树木长出新芽

◎图 4.3.2 (2) 老师打印外出赏景前后图片，供幼儿比较

◎图 4.3.2(3) 到社区观察春天的花

◎图 4.3.2 (4) 为户外的花查图鉴找花名

◎ 图 4.3.2（5）为教室的花查图
　　鉴、找花名

◎ 图 4.3.2(6) 找到花名后，小班幼儿
　　描绘老师打底写好的花名做标示牌

◎ 图 4.3.2(7) 幼儿在"我们研究春
　　天的事情"看板上，用图示记录
　　樱花生长变化

◎ 图 4.3.2(8) "春冬有何不同？"分组
　　讨论结果的各组发表（各组留一人
　　对他组成员发表）

◎ 图 4.3.2（9）亲子作业与分
　　享——分享所找到的"春天的
　　活动"资料

◎ 图 4.3.2(10) 幼儿规划"美丽的春
　　天"主题成果发表会的参观路线图

◎图 4.3.2(11) 幼儿在主题成果发表会
中担任小小介绍员,导览家长参观

(二)"千变万化的衣服"主题

"千变万化的衣服"主题共进行约三个多月,有四项重点活动:衣服哪里来?衣服与人的关系?衣服如何千变万化?帮娃娃做新衣;现分别分析与说明其社会建构与探究成分,并请见图 4.3.3(1)~(12)。

表 4.3.2 "千变万化的衣服"主题的社会建构与探究成分分析

重点活动	社会建构与探究分析
衣服哪里来?〔衣服怎么做成的?线(材质)哪里来?线、布与衣服的关系?〕〔图 4.3.3(1)〕	★幼儿以放大镜"观察"各种衣服,"讨论"衣服怎么做成的。教师"询问"幼儿如何能真正得知答案,幼儿答以"查书、上网"等;其后幼儿"分享"在家"与父母共同收集"衣服怎么做成的资料,教师将其"记录"在白板上,并请幼儿"比较"其原始观点与资料所载的内容差异。 ★幼儿"触摸"并"讨论"各种材质的衣物,教师"询问"线从哪里来,并请幼儿"绘画"所知;在幼儿"分享"所绘内容后,教师"提问并引导"幼儿将答案"分类";然后观赏并"讨论""线、衣服从哪里来?"影片内容("搭建言谈鹰架")。 ★幼儿用放大镜"观察""触摸"羊毛布料,并将结果"绘记"于白板;然后以长条布当粗线,"合作进行编织"(使

重点活动	社会建构与探究分析
	之成一块大布)活动。 ★教师请幼儿蒙眼摸一位幼儿身上衣服及角落教具——布盒中的布块,"**猜测**"是哪位幼儿的衣服与哪一块布。 ★幼儿"**阅读**"《安娜的新大衣》一书与"**观赏**"Tina 的新衣影片(教师请会裁缝的 Tina 的"**家长制作**"并拍摄,"**提供材料鹰架与示范鹰架**"),教师请其"**比较**"与"**归纳**"影片中二位裁缝师的制衣步骤 ("**提供言谈鹰架**");并实际"**观赏**"家长为 Tina 做的新衣;然后幼儿用尺"**测量**"胸围、袖长与肩宽。 ★最后"**提问**"帮助幼儿"**统整**"线哪里来?布怎么来?与衣服怎么做成的("**提供回溯鹰架**"与"**言谈鹰架**")? 将其步骤以图示"**绘记**"下来。
衣服与人的关系? (适合不同气候的衣服是什么? 我穿几号尺寸的衣服?)〔图4.3.3(2)〕	★幼儿"**观察**""**触摸**"教室中教师所悬挂的各种布料与身上所穿的衣物("**提供材料鹰架**"),"**比较**"各种布料的不同,并按气候将衣物加以"**分类**";其后"**观察**"分类结果,将不同气候的衣物特色加以"**归纳**",教师则将"**记录**"张贴于教室("**提供回溯鹰架**")。 ★穿不同尺寸衣服的幼儿分别"**测量**"身高,教师"**记录**"、"**统计**"结果于白板,让幼儿"**观察**""**比较**"身高与尺寸的关系;在统计过程中,幼儿"**发现**"相同身高的幼儿,衣服的尺寸号码不同;其后玩试穿衣服游戏,幼儿"**观察**"并"**比较**"不同尺寸号码于某位幼儿的穿着效果,决定最适合某位幼儿尺寸的衣服。 ★最后教师将尺寸与身高"**绘成统计图**"表,让幼儿"**阅读**","**帮助**"幼儿理解衣服尺寸除考量身高外,还需注意胖瘦、肩膀厚度等("**提供架构鹰架**")。
	★"**观察**""**比较**"衣服的不同,"**师生共同将其归类**"为颜色、图案、穿的方法三方面的不同,并作为外出风城参观的任务分组;在参观时实际"**观察**""**比较**""**记录**"衣服的颜色、图案与不同的穿着法;参观后三组幼儿展示记录与"**分享**"参观发

重点活动	社会建构与探究分析
衣服如何千变万化？(衣服究竟有多少种颜色、图案、样式、装饰、材质与洗衣服方法？衣服标签上之文、图代表什么意义？)〔图 4.3.3 (3)、(4)、(5)、(6)、(7)、(8)〕	现，"**师生共同进行分类**"，如：图案组的动物类、文字类、条纹类等。 ★ 幼儿"**观察**"自己最喜欢的衣服，"**讨论**"衣服上有什么并将其"**归类**"；师生"**共同绘画**"衣服主题的概念网络图("**提供架构鹰架**")。其后全班"**共同决定**"分四组分头进行"**探究**"：颜色与图案、样式与装饰、标签以及线、布料与洗衣服方法组。探究过程中每天均"**分享**"各组探究结果，师生"**共同记录**"在教室前张贴的主题网上("**搭建回溯鹰架**")。 ★ 四组之探究方法包括："**观察、分类、比较、同伴讨论、分享、查阅相关书籍、上网、访谈裁缝师**"等。例如颜色与图案组"**查阅**"衣服杂志上的衣服花色，剪下后依四季"**分类**"，在"**观察**""**比较**"后"**发现**"春夏服装颜色比较亮，秋冬颜色比较暗；此外并"**回忆绘出**"风城之行所发现的图案类别，然后将之与风城之行记录"**比对**"，在"**讨论**"后增加形状类，其他类等。再如样式与装饰组"**观察**"教室所吊挂幼儿从家里带来的"**我最喜欢的衣服**"，"**找出**"与外出风城观察所不同的装饰(如：立体装饰、珠子)；教师"**提问**"还有什么方法可以观察到不同的衣服？幼儿答：查衣服的书、逛商店等，教师请幼儿"**回家收集**"，其后"**阅书**"找寻不同装饰；又在过程中在教师的安排下，曾外出"**访谈**"裁缝师有关的疑惑不解处，如衣服上的网纱、洞是装饰吗？蕾丝与花边是什么？外出前，老师"**提醒**"幼儿要问裁缝师什么问题。
帮娃娃做新衣(每位幼儿为其娃娃或偶具做一件新衣并展示)〔图 4.3.3 (9)、(10)、(11)、(12)〕	★ 请幼儿"**分享**"家长替某位幼儿制作的无袖娃娃衣过程；有幼儿想做有袖子的娃娃衣，教师请大家"**分享**"做法("**提供同伴鹰架**")，并提供纸当布，实际"**验证**"自己想法；其后请幼儿为娃娃衣"**绘制**"设计图。 ★ 幼儿拿自己的娃娃与设计图实际"**试行**""**制作**"，过程中幼儿直接将娃娃放在布上画尺寸，且只剪出一面的布；教师则介入请幼儿"**分享**"制作困难与问题；于是"**提供回溯鹰架**"，再次"**观看**"Tina 的新衣影片与"**讨论**"制衣程序。

重点活动	社会建构与探究分析
	★ 全班先将娃娃排列"**比较**","**共同决定**"制版数后,两位教师分别"**示范**""**协助**"幼儿制版或画("**搭建示范鹰架**")、剪、缝布,幼儿实地"**测量**"娃娃尺寸、制版以及画、剪、缝布,最后熨平、装饰完成制作,过程中幼儿则"**互相帮忙**"("**建造同伴鹰架**"),如:你压布,我画。 ★ 新衣制作完成举行展示会后,教师请幼儿"**比较**"原画设计图与所制新衣的异同,以及"**发表**"制衣过程的困难处,由教师为幼儿的口述逐一以文字"**记录**"。

图 4.3.3　及幼幼儿园"千变万化的衣服"主题探究

◎ 图 4.3.3(1) 幼儿观察线与衣服的关系?(线怎样做成衣服?)

◎ 图 4.3.3 (2) 衣服与人的关系——我穿几号衣?

◎ 图 4.3.3(3) 幼儿参观凤城购物中心衣服部

◎ 图 4.3.3(4) 参观凤城时,当场记录观察发现

◎图 4.3.3(5) 衣服如何千变万化?
　　——老师协助幼儿上网查资料

◎图 4.3.3（6）幼儿访问裁缝师相关
　　问题

◎图 4.3.3(7) "线、布料"小组的探
　　究记录

◎图 4.3.3(8) "标记组"分享探究成果

◎图 4.3.3(9) 为娃娃做新衣——制
　　版后剪布

◎图 4.3.3(10) 为娃娃做新衣——量
　　尺寸

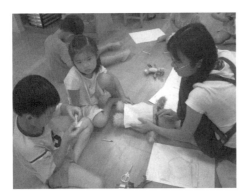

◎图 4.3.3(11) 老师协助幼儿制版

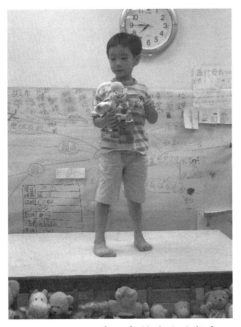

◎图 4.3.3(12) 展示自制的娃娃新衣

以上（表 4.3.1 及表 4.3.2）呈现的两个探究主题文段中加粗加黑并打引号者，是为凸显孩子与教师在共同探究的过程中所运用的"探究技巧"，以及共同建构的轨迹。笔者发现幼儿在以上两个主题与其他主题的探究历程中，均充分运用探究技巧，这些探究技巧包括：观察、比较、归类、记录、访谈、讨论、推论、找资料等；以及充满师生"共同建构"的影子：举例而言，在整个主题探究历程中，均是教师与幼儿"共同讨论"{全班讨论时的师生言谈对话；分组讨论时教师至需要协助的组别引导，甚至参与讨论 [图 4.3.2(8)]}、"共同记录"{幼儿绘图记录、教师以文字注记于图上 [图 4.3.5(4)]；或者是教师将"师生间的讨论立即记录"于白板或海报纸[图 4.3.5(6)]}、"共同统计"{如幼儿间测量身高，教师记录结果，并绘统计图示于白板 [图 4.3.6

(7)]}；教师绘人物于白板方便幼儿计票与统计[图 4.3.5(7)]、"共同验证"{教师安排观察、访谈事项，幼儿与教师共同实地观察、访谈等[图 4.3.3(6)]}等。进而具体言之，在"美丽的春天"主题，师生"共同比对"真花与图鉴并找花名；教师写文字，幼儿以图形"共同记录""我们研究春天的事"看板；以及"共同思考与讨论"如何展现"美丽的春天"主题成果发表会。就"千变万化的衣服"主题而言,师生"共同讨论"将各式衣服归成数类以利分组探索;教师写文字,幼儿以图形"共同记录"主题网络图,留下探索轨迹;分组探索时教师与幼儿"共同讨论与记录";以及制衣时"共同决定"制版数并相互协助"共同制作"。

此外教师还提供各种思考架构(如:焦点思考、对照思考、相关思考、比较异同思考等),以帮助幼儿聚焦研讨;以及运用各种鹰架策略(如回溯经验、言谈与记录、同伴讨论与激荡等),以引导幼儿探究,帮助幼儿学习。而孩子所建构的知识清楚呈现于墙面的各种活动回溯记录或主题探究网络图中, 如图4.3.3(8)。最重要的是家、园、社区之间的密切合作,参与幼儿的学习。例如在"美丽的春天"主题中,父母与幼儿共同寻找春天各地所进行活动的资料,经常至社区赏花并请教社区妈妈,以及邀请家长欣赏主题成果发表会等。在"千变万化的衣服"主题中,会裁缝的家长示范制衣步骤并被拍录成影像,幼儿与父母在家共同搜集"衣服如何制成"的资料与服装杂志及幼儿心爱的衣物进入教室,以及访谈社区裁缝师等。综上分析实颇为符合社会建构教学的四项特征:知识是建构与发现的、教室是学习社群、运用语文心智工具以及搭构引导鹰架。为更了解及幼教师的社会建构教学特征,我们乃进而分析其所搭构的教学鹰架如下。

二、及幼幼儿园鹰架引导策略分析

从以上两个主题探究及笔者对其他主题的研究分析,发现及幼幼儿园教师在师生共同建构中为帮助幼儿学习,所搭构的教学鹰架计有六种:回溯鹰架、语文鹰架、架构鹰架、同伴鹰架、示范鹰架、材料鹰架,现分别叙述如下。

(一) 回溯鹰架

回溯鹰架是指重新回忆旧经验,以勾勒记忆,营造主题气氛,帮助幼儿沉浸于主题探究中。Forman(1996)曾指出"重访既有经验"(Revisiting),共筑集体印象与记忆是建构教学的重要策略之一;教师为幼儿搭建回溯鹰架,即是让记忆短浅的幼儿重新回思探索的历程与经验,有利于主题的进行与概念的

图 4.3.4 回溯鹰架

◎图 4.3.4(1) "我的学校,我的家"
主题的探究记录——回溯鹰架

◎图 4.3.4(2) 幼儿阅读与讨论"我的
学校,我的家"主题的探究记
录——回溯鹰架

◎图 4.3.4(3) "我的学校,我的家"
主题的网络图——回溯鹰架

◎图 4.3.4(4) "千变万化的衣服"主
题的探究记录——回溯鹰架

◎图 4.3.4(5) "美丽的春天"主题
的"我们研究春天的事情"看
板——回溯鹰架

◎图 4.3.4(6) 老师在"美丽的春天"
主题中,列印前后景物变化,供幼
儿比较——回溯鹰架

◎图 4.3.4(7) 老师张贴"千变万化的衣服"主题中角落活动作品展示——回溯鹰架

◎图 4.3.4(8) "千变万化的衣服"主题中角落活动作品展示——回溯鹰架

建构。回溯的方式可以是将教师与幼儿所共同探究的成果记录张贴于教室中,让幼儿可以随时回忆主题进行的点滴;另一种回溯方式则是运用科技媒体(如计算机、录像机、实物投影机等),将出外赏景、寻访或特别摄制的影片与照片不时地于团讨分享时段播放或打印贴于教室,以唤起幼儿的共同记忆与热烈讨论。前者诸如在"我的学校,我的家"主题的几个重点活动[图 4.3.4(1)、(2)、(3)]与"千变万化的衣服"主题的四组探究成果[图 4.3.4(4)]均有留下探究记录或网络图,以及在"美丽的春天"主题师生共同回忆与记录所曾进行过的活动于"我们研究春天的事情"海报上[图 4.3.4(5)]。这些记录都是幼儿与教师在主题中所共同进行过的活动轨迹,于活动结束后马上张贴于墙面,将整个教室烘托出主题的气氛。及幼教师有时也会使用科技媒体,提供回溯鹰架,如:在"美丽的春天"主题每次出游时,教师均会拍照,并于回来后将前后景致变化通过荧幕播出或彩色打印[图 4.3.4(6)],让幼儿回溯并比较;在"千变万化的衣服"主题,当幼儿面临实际制衣难题前,即观看过数次由家长所拍摄的"Tina 的新衣"制衣过程,以唤起幼儿的记忆。此外,教师制作与主题相关教具置于角落,让幼儿可以复习进而强化新获知能,并且于幼儿完工后张贴悬挂,亦发挥回溯鹰架作用,如"千变万化的衣服"主题中的编织与缝工教具[图 4.3.4(7)、(8)];而且教师在该主题中于教室由上而下悬挂整排布料与吊挂各种衣物,让幼儿每日可见,实亦营造主题探究气氛,随时提醒回溯。由于回溯鹰架除了录像、数码照片播放外,大部分是呈现于物理环境中,如张贴于墙面、悬挂于教室,以供幼儿回溯,因此也是一种"环境鹰架"。

(二) 语文鹰架

语文是心智思考的工具(Bodrova & Leong, 1996),通过语文可以引发幼儿思考与推理;而语文鹰架可分为两个层面,一是"读写鹰架",一是"言谈鹰架"。Bruner 与 Haste(1987)明白指出师生言谈对话即具鹰架作用;Bodrova 与 Leong(1996)亦指出言谈即是鹰架,在师生共同活动中双方交流进行"教育对话"(educational dialogue),即能提升儿童的心智功能。及幼幼儿园的"言谈鹰架"有两种方式,第一种是教师使用充满问话的对谈以刺激幼儿思考,例如"千变万化的衣服"主题中,教师在幼儿观看制衣影片前、中与后,不时提问:影片与书中裁缝师的制衣程序有何不同[图 4.3.5(1)]。又如教师常在幼儿表达想法后询问幼儿如何真正得知正确答案,而在幼儿查书或上网获得资料后,又请幼儿比较其原始所表达想法与资料所载的差异,以及幼儿在观察布料或衣服时,不断提问许多问题,如:衣服上有什么装饰? 和别人有什么不一样? 还有什么不同的装饰? 布里面有什么? 怎么变成布的? 这些布摸起来有什么不一样?

第二种言谈鹰架方式是经常让幼儿分组或团体讨论,激荡彼此思考、共同记录并归纳答案[图 4.3.5(2)、(3)],而教室墙面所贴的各项重点活动记录[图 4.3.4(1)、(2)],就是幼儿的讨论与探究成果,可以说分组讨论或团体分享是及幼教学活动的主轴。

而第一种言谈鹰架的具体实例为:当讨论如何使教室像家一样温馨时,教师就运用言谈对话,询问幼儿许多扩散思考性问题,并持续追问,最后幼儿终于想出几个方法:用玻璃纸贴于灯罩改变灯光颜色、合桌吃饭、铺桌布、摆花于桌上等。以下即为教学情节中教师言谈对话举例:

图 4.3.5　语文鹰架

◎图 4.3.5(1) 幼儿于"千变万化的衣服"主题中观赏录影带,观赏中老师不时暂停与抛问——言谈鹰架

◎图 4.3.5(2) 幼儿在"我的学校,我的家"主题进行小组讨论与记录——言谈鹰架

◎图 4.3.5(3) 幼儿于"美丽的春天"主题进行小组讨论与记录——言谈鹰架

◎图 4.3.5(4) 老师在"我的学校,我的家"主题中询问幼儿意图,以文字注记——读写鹰架

◎图 4.3.5(5) 老师于"我的学校,我的家"主题中,在幼儿图旁注记幼儿意图——读写鹰架

◎图 4.3.5(6) 老师在"我的学校,我的家"主题中,一面讨论一面书写网络图——读写鹰架

◎图 4.3.5(7) 老师在"我的学校,我的家"主题绘记几种人物于白板,让幼儿方便进行计票记录——读写鹰架

大 B:……如果要让我们的教室更像家里的话,像你的家的话,你有没有什么可以帮忙? 可以让它更像家里,可以让你更舒服、更温馨的办法?

……

……

……

大 B:想想看长颈龙的教室(即该班教室),跟你们家墙壁啊、天花板、桌子啊,有没有什么不一样的地方?

……

……

……

幼儿:天花板不一样。

大 B:怎么不一样?

幼儿:就是不一样。

大 B:怎么不一样啊? 你们家的天花板跟学校的天花板有什么不一样?

幼儿:灯不一样啊!

大 B:你们家的灯长什么样子?

……

……

……

大 B:但是我有一个问题啊,我们有没有办法把灯给拆掉换别的呢?

幼儿:不能!

大 B:对! 那我们有没有什么办法可以让天花板的感觉跟家里很像?

……

……

……

大 B:真的吗? 硬纸板喔!

幼儿:不是,用玻璃纸(意指用有颜色玻璃纸贴住灯罩,让灯光变色)

在"读写鹰架"部分,及幼常让幼儿记录,而且无论是在幼儿个人以图记录(如:"我的学校,我的家"主题中的我觉得我会跟爸爸、妈妈(教师)一起做什么事?),或分组讨论以图记录(如:某一类人的工作内容,某一种感觉于家、园发生状况等)时,教师均会询问幼儿图意,并以文字加注于图示记录上[图4.3.5(4)、(5)]。此外,在团讨分享时,将讨论标的或结果以图文并示方式贴于海报或写于白板;或者是将概念的讨论以一边讨论一边书写网络图方式呈现[图 4.3.5 (6)],以明确的视像帮助幼儿聚焦讨论、思考或记录讨论结果 [图4.3.5(7)]。以上这些图示与文字记录并成为教室环境的一部分,让幼儿随时可阅读回溯,营造主题气氛与思绪。

（三）架构鹰架

架构鹰架是指提供幼儿思考或活动的框架,让幼儿有探究焦点,更加容易进入主题探究的状况。及幼教师提供许多此类鹰架,例如"我的学校,我的家"主题中投票结果显示大家认为教师最像爸妈,但实际上真否如此?教师实际工作内容究竟像哪一类人物?教师遂将七类人物名称与图示贴于海报上,方便全班幼儿聚焦讨论如何调查每一类人物的工作内涵以实际验

图 4.3.6　架构鹰架

◎图 4.3.6(1) 老师在"我的学校，我的家"主题中，绘制七类人物于海报，方便幼儿聚焦讨论调查这七类人物工作性质的方法——架构鹰架

◎图 4.3.6(2) 老师在"我的学校，我的家"主题中，绘记左右对照之住家与学校 Logo 于画纸，方便幼儿聚焦讨论住家与学校之各自发生情况——架构鹰架

◎图 4.3.6(3) 幼儿在"我的学校，我的家"主题中，使用老师提供的架构所讨论的结果记录——架构鹰架

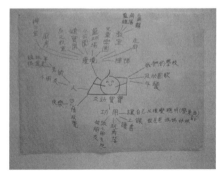

◎图 4.3.6(4) 老师在"我的学校，我的家"主题中，在海报上绘及幼的 Logo，提供讨论与记录焦点——架构鹰架

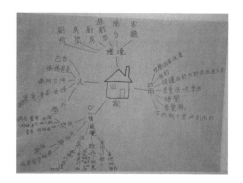

◎图 4.3.6(5) 老师在"我的学校,我的家"主题中,在海报中央绘家的图示,提供讨论与记录焦点——架构鹰架

◎图 4.3.6(6) 老师在"千变万化的衣服"主题中,以概念网提供讨论与记录焦点——架构鹰架

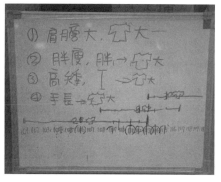

◎图 4.3.6(7) 老师在"千变万化的衣服"主题中,绘统计表让幼儿聚焦——架构鹰架

◎图 4.3.6(8) 老师在"我的学校,我的家"主题中,在上下角落绘代表相同与相异之图示,让幼儿明确比较——架构鹰架

证答案,并让幼儿能立即以图示记录大家所讨论或提议的调查方法,以利后续实际探究[图 4.3.6(1)]。再如分组探讨对家园各种感觉时,教师预先将八种感觉分别绘成一张张图卡,并且制作八张中央画分隔线、左右角落各有代表学校 Logo 与住家图示的左右对照画纸,分给每一组幼儿一张对照画纸,让幼儿能针对各组所讨论的感觉聚焦讨论,并于画纸上对照绘出这种感觉,在家与在学校各自所发生状况[图 4.3.6(2)、(3)]。又如探究园、家相

关概念时,教师先于两张海报纸中央分别绘出代表住家的图示与及幼 Logo,再将幼儿讨论的话语由中心图示向外延伸画写记录成网络图,让幼儿强烈感受目前正在探讨的是海报中央图示的"家"(或园)的相关概念[图 4.3.6(4)、(5)],或者是"千变万化的衣服"主题的相关概念网[图 4.3.6(6)],所拉出来的概念均与中心主题有关,聚焦幼儿的探究行动。此举诚如大 B 老师于省思日志所言:"利用'主题网'的方式,让我觉得不但帮助孩子对此主题聚焦,还可以将之前未留下记录的足迹,重新整理记录,真是一箭双雕,孩子的主题网是不可或缺的。"此外,在"千变万化的衣服"主题中讨论身高与衣服尺寸时,教师在白板绘身高与尺寸统计表,让幼儿更加进入状况,理解尺寸与身高非绝对关系,尚须考量肩宽、胖瘦等均为架构鹰架[图 4.3.6(7)]。

除了以上提供聚焦思考、对照思考与相关思考的专注作用外,架构鹰架还具提供幼儿比较异同的专注作用,例如在分组探讨家与园分别在四项相关概念上功用、人物、环境、感觉的异同点时,教师先在最上角写上某概念并在图画纸上下边处各绘出代表"相同"(两个画的相同的房子)与"相异"(两个画的不同的房子,一个有烟囱)意思的图示,让幼儿能针对相同与相异点,明确比较家与园在该概念上的异同,并绘出结果[图 4.3.6(8)]。

(四) 同伴鹰架

同伴鹰架是指运用混龄或混能分组活动,让同伴之间相互刺激与提携。及幼教师非常擅长运用同伴互搭鹰架的效果,例如在"美丽的春天"主题中的查图鉴、找花名活动,常常是由能力较强的幼儿先找到花名,再进而引导、帮助其他年龄较小的幼儿陆续找出花名。在规划、讨论主题成果展示的家长参观事宜时,也是较有能力者引领大家思考各种参观规则、路线规划。及幼除每天早上均有角落时间可以进行同伴自发性交流外,教学活动主轴是分组探讨,即以小组为单位的讨论与记录活动(图 4.3.7(1)),在讨论后各小组必须将结果以图示归纳呈现(图 4.3.7(2)),因此言谈互动机会大增,使较有能力的幼儿发挥示范与引导作用。并且于教学活动时,教师常刻意将大小年龄幼儿混合,如测量身体尺寸或为娃娃做新衣时,让较大幼儿可以协助较小幼儿。

图 4.3.7 同伴鹰架

 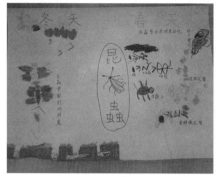

◎图 4.3.7(1) 幼儿在"我的学校,我的家"主题推行小组讨论与记录活动——同伴鹰架

◎图 4.3.7(2) 幼儿在"美丽的春天"主题小组讨论与记录所呈现的海报——同伴鹰架

(五) 示范鹰架

适度的示范在教学上是必须的,引导幼儿能进一步往前跨进,及幼教师也会运用示范鹰架。如在"我的学校,我的家"主题进行自我介绍时,由教师示范幼儿自我介绍程序,并示范在某位幼儿自我介绍后如何向介绍者提问的方法,然后才让幼儿介绍与提问。还有在"千变万化的衣服"主题当中当幼儿遭遇制衣困难时,教师在白板上示范制版绘图均属之。

(六) 材料鹰架

及幼教师常会提供材料帮助幼儿建构,例如在"我的学校,我的家"主题,最后全班改变教室使其更像家一样温馨时,教师揾供各种材料与幼儿共同探索最温馨的灯光颜色;"千变万化的衣服"主题,教师更提供许多布料、衣物悬挂在教室与高倍率放大镜让幼儿探索[图 4.3.8(1)、(2)],并且也提供编织、缝工等相关角落教具强化主题概念。所谓材料鹰架亦指运用多元材料与表征策略于幼儿的探究行动中;根据 Forman(1996)所指,通过表征再表征的过程,确实有助于幼儿概念的建构,是建构教学重要的成分。及幼教师在幼儿探索过程中的每个阶段,会通过各种表达素材不断地让幼儿表征其理解,如在"美丽的春天"主题中,是以户外寻春为主轴,回到教室后则进行一连串的相关延

◎图 4.3.8(1) 老师在"千变万化的衣服"主题中,在教室悬挂幼儿自家带来的衣服,让幼儿探索——材料鹰架

◎图 4.3.8(2) 老师在"千变万化的衣服"主题中,在教室悬挂许多布料,让幼儿探索——材料鹰架

◎图 4.3.8(3) "美丽的春天"主题幼儿以黏土表现春天——材料鹰架

◎图 4.3.8(4) "美丽的春天"主题幼儿以绘画表现春天——材料鹰架

伸活动,过程中幼儿除以图示记录表达对春天的理解外,也以绘画、黏土工来表达对春天的意象[图 4.3.8(3)、(4)]。

第五章

主题探究课程/教学——设计方法章

在本书社会建构论架构下，与面对新时代的培育求知人、应变人、民主人、地球人、科技人与完整人目标下，我们认为主题探究课程/教学是较为合宜的课程形态，我们已于上章介绍主题探究课程的意涵与实例，至于应如何设计具有特定目标的新时代课程与教学，则为本章重点。简言之，本章切入实务面，旨在介绍课程/教学的设计方法：第一节揭示主题探究课程的设计原则；第二节阐论主题探究课程的设计程序；第三节则针对教学活动设计实务讨论之。

第一节

主题探究课程/教学的设计原则

主题探究课程的设计有两个重要原则必先确立，一是先分析主题相关概念，再于其下设计各领域相关活动，以充分探讨该"主题"；其次是必须兼容并蓄计划性与萌发性，均衡课程的结构性与弹性。

一、充分探讨主题——先确立概念再设计活动

主题探究课程具有统整性，它统整了课程设计、知识、经验与社会等层面，绝非等同于"多学科课程"（Multidisciplinary Curriculum）。多学科课程如图

5.1.1所示,是由主题概念直接切入各学科/领域教学,例如在"好吃的食物"主题下,于美劳领域进行绘画各种好吃的食物、语文领域阅读相关的绘本、社会研究领域参观超级市场、科学领域进行烹饪活动等。

　　Beane(1997)曾特别指出"统整性课程"与"多学科课程"是截然不同的,我们颇为赞同此一观点;本书将图4.1.1统整性课程网络图再列于此,显示主题探究课程的统整性与设计方式(图5.1.2)。Beane认为就课程统整而言,课程设计始于一个中心主题,然后向外确立与主题相关的各大"概念",以及用来探索主题与概念的"活动",这样的设计并未特意考量各个学科,因为主要目的是要"探索主题自身"。然而在"多学科课程",课程设计始于确认各个"科目"以及各学科中应被精熟的重要内容与技能;当一个主题被决定后,以"每个科目可对主题贡献什么?"的问题来设计主题课程。在这种情况下,各独立分科的身份仍被保留于教材内容中,学生仍须轮转于各学科间;虽然各科目与主题相关,主要的目的仍是精熟其所涉及的内容与技能,因此,主题的探讨乃变为次要。换言之,多学科课程是以学科内容、技能作为课程的开始与结

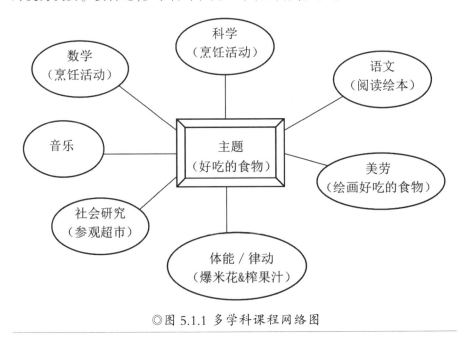

◎图5.1.1 多学科课程网络图

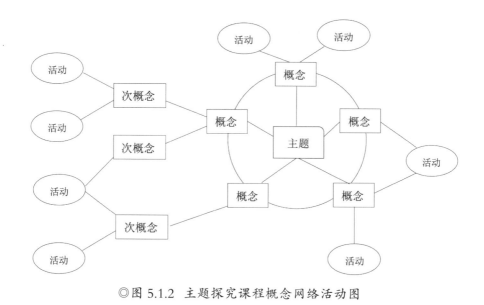

◎图 5.1.2 主题探究课程概念网络活动图
(统整性课程网络图,改编自 Beane,1997)

束,在执行的过程中很容易直接落入设计与各科有关的肤浅活动,发生知识
被浅化的现象;而统整性课程或主题课程却是以儿童有兴趣的问题、主题作
为课程的开始与结束,对主题的概念与知识充分探讨,并以概念来统整各个
领域活动。就此观点,Beane 的统整性课程显然与 Shoemaker(1989)所指的主
题式课程(Thematic Curriculum)类似,Shoemaker 指出主题探讨有议题(Top-
ic)与概念(Concept)两种方式,在主题课程下,学科界限变得模糊。

木书采用 Bcanc 的观点,认为设计主题课程的第一步要先分析此一主题的
概念或次概念,即"主题知识结构",然后在概念与知识下再设计有助于探索与
理解这些概念与知识的各领域相关活动。如主题是"好吃的食物",其下的概念
可能包括:食物的来源、食物的种类、食物的烹调、食物的保存、食物的选购、食
物的营养等概念;而在"食物的种类"概念下,可能还有五谷类、蔬果类、油脂类
等次概念;在"食物的保存"概念下,可能还有腌渍法、冷冻法、真空法等次概念。
以上这些概念与次概念整体构成"好吃的食物"主题的知识结构,也就是先对主
题充分分析与探讨;接着为了促进对"食物的种类""食物的保存""食物的来源"

等概念的探索与理解,乃在各概念之下设计各领域相关活动,本书强调的是主题探究课程,因此所设计的活动均尽量能让幼儿运用各项探究能力以建构主题知识,例如"小小市场调查员"就是让幼儿赴超市观察、记录与分类,以探究食物的种类与来源。有些活动可同时促进两个或三个以上概念的探索与理解,有些概念则可通过数个活动加以探讨。这些促进主题概念探索与理解的活动,例如:阅读食谱、向妈妈取经、制作创意食谱大全、小小市场调查员(调查与记录食物的种类)、创意烹饪活动、我的饮食日志、营养食物品尝会等(参见图5.1.3)。

二、兼容并蓄计划性与萌发性

我们以为,教师不仅在教学时必须扮演鹰架角色,在课程设计时也需预先计划,为幼儿搭构发展的鹰架。换言之,幼儿教师于学年之初必须列出自己所认为幼儿可能有兴趣的主题与幼儿必须体验的重要主题,在配合时令节庆下预做安排;并在与幼儿讨论、了解其旧经验与真正感兴趣的主题后,初步决定整学年的主题课程进度。而主题的安排与计划所涉及的是知识学习的层面,这样的计划安排显示教师对幼儿学习的负责态度。

除了整学年的主题、知识预作安排外,课程设计的计划性尚包括孩子在各项技能与情意方面的发展规划。技能诸如:探究技巧、语文听说读写技巧与身体技能;情意诸如:喜欢探究之心、正向自我、良好人际关系、变通的心态与喜创意表达等。孩子的发展是渐进的,教师有顺序、计划性的安排就是一种鹰架作用,当活动日益深广与挑战,愈发引导幼儿向上发展。这样的计划性设计,不仅开启知识大门增加幼儿的知识体系,而且也增长各项探究技能,以及培养情意与创意,至于有关具体而微的设计步骤,将于下节中阐述。

从社会建构的观点而言,在探究过程中人际间的交流互动或对谈讨论,都会影响到主题课程进行的方向;而且有时幼儿会对事先安排课程中的某一项活动特别感到兴趣,或是某项临时偶发的生活事件也会激起幼儿热烈的回响,这时候教师就应该有弹性地容许临时萌发的课程,以满足幼儿的探究兴趣。我们皆知兴趣是学习之源,是探究的动力,当幼儿显现充分兴趣时,教师应把握时机

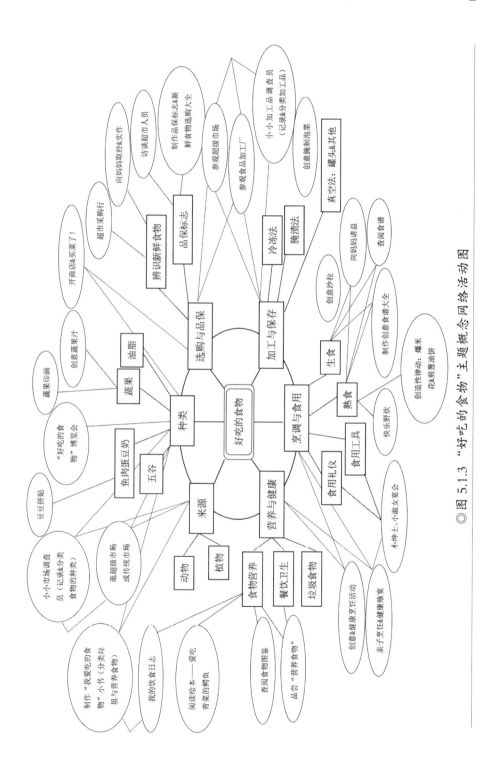

◎图 5.1.3 "好吃的食物"主题概念网络活动图

适度调整课程。例如在游戏场游玩时,发现大树上有挂在网上的蜘蛛与小飞蛾,幼儿不时围观与讨论,回至教室又发现一只大型蜘蛛在墙角,幼儿不断地询问蜘蛛会飞吗?会爬吗?是虫虫吗?飞蛾会飞吗?会爬吗?是虫虫吗?虫虫一定有翅膀吗?它吃什么东西?飞蛾为什么在蜘蛛网上等问题,这时教师不妨搜集这些问题,并询问幼儿有关蜘蛛或昆虫的旧经验,当幼儿对这些问题的探究热度持续不退时,"蜘蛛"或"昆虫"临时萌发的主题就可适时切入。

此外,有时生活中的偶发事件或社会上正发生的大事,极具教育意义,也必须临时弹性地纳入课程/教学中,如:幼儿欺侮说话腔调独特的新住民子女,一个"多元文化"主题课程/教学可以适时纳入;或禽流感、肠病毒流行,一个"卫生保健"的主题课程/教学必须马上切入。总之,课程若能兼顾整学年的"计划性"与临时的"萌发性",具有弹性空间,则是最完美不过了。

第二节
主题探究课程/教学的设计程序

课程虽然必须兼容并蓄计划性与萌发性,然而课程设计的第一步是必须先要有计划性。表5.2.1是整学年的课程规划表(见第99页),将整学年课程按时间里程碑预作安排,反映主题课程设计的计划性;而在进入各个主题探究前则需就每个主题预先绘画"主题概念网络活动图",如图5.1.3"好吃的食物"主题。

一、整学年课程/教学规划

在一学年之初,教师规划整学年主题课程的步骤,依笔者分析,如下所示。

(一) 表列幼儿可能有兴趣与重要的主题

教师首先以自己对幼儿的了解,表列几项幼儿可能感兴趣的主题,与每个主题孩子可能学到或获得的经验。不过这些主题内涵尽量要配合时令节庆、地方文化与环境特色。当然主题也可以是教师所认为,对此时期幼儿而言,是重大必须拥有的经验。在综合考量后安排成逻辑顺序,使之具有前后衔接性。

(二) 与幼儿讨论整学年主题

教师所认为的幼儿兴趣,未必就是幼儿真正的兴趣,因此在罗列可能的主题后,一定要与幼儿共同讨论。罗列主题的好处是使讨论有焦点,讨论的目的除了要确认是否是幼儿真正的兴趣外,而且也可以就此搜集幼儿对主题的旧经验,以及幼儿对此主题所欲探究的问题是什么(即幼儿对此一主题想知道什么)?

(三) 依序编列整学年主题

教师将与幼儿讨论后所搜集的资讯整理后, 先横向载入具有连续时间、代表学年课程里程碑的表 5.2.1 的上半部,如九至十一月主题为"我与我的世界"、十一月至一月主题为"我的邻里社区"、一月至三月主题为"我住的城市"、三月至五月主题为"我爱台湾"、五月至七月主题为"我住的地球"。如此将整学年所有主题依时间序列呈现,方便教师检视各主题间的衔接性,也容许临时萌发的主题切入。在讨论时所发现的幼儿对该主题所欲探究的问题,或教师初步列出对孩子重大的该主题概念, 则直向陈列在每个主题名称下面。例如"我与我的世界"主题,孩子可能对自己身体的私密部位、我的家人、我的亲人特别有兴趣探索,而教师认为此时期探讨心理层面与情绪管理对幼儿也是很重要的,就一起罗列其上。

(四) 罗列发展上重要技能、情意与创意

本书基于社会建构论以及全人发展观, 认为对孩子发展重要的技能必须预先规划、依序培养,包括观察、推论、验证、沟通等探究技能,以及也可作为探究工具的语文技能,如:访谈、查阅图书、记录、发表、讨论等,还有涉及大小肌肉的身体技能。此外,情意与创意也是可以通过课程与教学涵养发展的,如:喜欢探索之心、正向自我观、喜创意表达等。教师必先衡量幼儿的发展状况,将自己认为重要的或孩子亟待发展的技能、情意与创意面,先大致记录下来。

(五) 顺序编列重要技能、情意与创意于整学年各主题中

教师先将以上所罗列的项目置入表 5.2.1 左下角, 然后配合表上半部每一个主题,大致规划如何在每个主题进行中将这些技能、情意与创意加深加广。表5.2.1有五个主题,代表五个时程,大体上而言,每一项技能由第一个时程的简易状态开始,日益加深加广愈具挑战性,至第五个时程结束则完成所预设之发展目标。例如探究技能中的"观察"涉及"五觉观察"与"多面向观察",时程开始时由表面观察,日益变为多面向、深度观察,由只涉及少数感觉至多种感觉的观察。再如孩子"剪"的能力涉及手的力度、相反的感觉与对纸张的控制力,欲设计有顺序的发展活动则可始于强化手肌肉活动——黏土工、使用打洞机与衣夹等;经撕纸条活动,直接感受两只手相反动作的感觉;再用剪刀剪直线;最后才是剪曲线的活动。

(六)完成整学年课程规划表

配合每个主题的实质内涵,将以上规划的具体目标与渐序性细节活动,以文字正式落入表5.2.1下半部的五个时程内(如括号部分)。

二、个别主题课程/教学规划

由整学年课程规划表可以大致看出整学年的课程走向,但在进入各个主题前,则要更详尽地规划。孩子是随岁月成长的,当初的兴趣与想探究的问题可能有些微的改变,因此调整是必须的。基本上教师先依整学年课程规划表的初步规划,与教师此时对主题的了解,绘画"主题概念网络图"(如图5.1.3 "好吃的食物"主题之概念网络);然后将所绘之概念网络图在主题进行之初与幼儿共同讨论,记录此时幼儿特别感兴趣、想探索的问题,重新加以调整之;在主题概念网络图确定之后,再于其下设计涵盖各领域的活动,形成"主题概念网络活动图"(如图5.1.3之全部网络)。教师要把握的原则是:在主题进行之初,尽量想出与绘记主题可能进行的方向,但是必须留有未预期的与改变的足够空间;就此而言,课程的计划是持续性的,很难划分预先设计的与实际所进行的。这种兼顾计划并预留改变空间的课程规划方式,在意大利Reggio被称之为Progettazione(Rinaldi, 2003)。

表 5.2.1 整学年课程规划表

整学年课程规划表

主题：我与我的世界	主题：我的邻里社区	主题：我住的城市	主题：我爱台湾	主题：我住的地球
概念 & 知识：	概念 & 知识：	概念 & 知识：	概念 & 知识：	概念 & 知识：
1. 我的身体部位	1. _____	1. _____	1. _____	1. _____
2. 我的情绪	2. _____	2. _____	2. _____	2. _____
3. 我的家庭	3. _____	3. _____	3. _____	3. _____
4. 我的亲朋好友	4. _____	4. _____	4. _____	4. _____
5. 我的幼儿园	5. _____	5. _____	5. _____	5. _____
10月	12月	2月	4月	6月

探究技能
观察（观察我的身体）
推论
验证
沟通
其他

语文技能
访谈
查图书
记录
讨论

身体技能
大肌肉
小肌肉（手指膏 "我的身体"）

情意 & 创意
喜探究、创意表达
变通的心态
正向自我
其他

（以黏土塑 "我的社区"）

（撕纸条：制作公园草地或以碎纸条盖房子）

（剪直线：剪火车轨道，制作台湾交通示意图）

（剪曲线：剪各大洲与海洋，制作世界拼图）

（深度观察大街小巷）

（深度、多面向观察河流、景观）

由易至繁

加深

加广

第三节

主题探究课程/教学的设计实务

在设计主题课程中的各项活动时,首先要注意的是整个主题的所有活动应尽量涵盖各个领域,不要偏重或偏废某一领域,如图5.1.3的各项活动中包含绘本阅读、健康烹饪、创造性律动、美劳拼贴、社交宴会等,其次要特别注意三件事情:一是活动内容必须针对所设定的概念目标而设计,其次是活动过程尽量能让幼儿运用各种探究技能,以及活动内容要具有创意成分,兹分别叙述如下。

一、活动内容须针对概念目标而设计

设计教学活动最重要的是要依据活动目标而设计。从图5.1.3"好吃的食物"主题概念网络活动图可以清楚看出,什么活动是针对什么概念而设计,其实只要抓住主要的概念目标,就不会造成活动内容与之不相干,或是活动目标订得太广泛的现象。"小小市场调查员"是针对"食物的种类"与"食物的来源"概念目标而设计的,目的是在观察超市各类食品后,将其分类、记录,以探索食物的种类与来源;"向妈妈取经&实作"活动就是针对"食物的选购与品保"概念下的"认识新鲜食物"次概念而设计的,目的是通过访谈家长,传授选购新鲜食物的经验,并直接赴市场观察与练习;"小绅士、小淑女宴会"就是针对"食用礼仪"与"食用工具"概念目标而设计的,目的是在让幼儿通过实际扮演小绅士、小淑女赴宴聚餐中,以习得食用礼仪与使用食用工具。简言之,这些活动旨在促进标的概念的探索或理解。值得注意的是,许多人在设计活动时,可能参考许多现成资源,当发现有趣的活动时,就急于编入课程,跃跃欲试,结果形成活动与所设定目标不符的现象,很少完全是针对所要促进的概念或所要达成的目标而加以设计的。下列第一个活动——"蝴蝶的一生"就是

目标订得太广泛,包含毛毛虫变蝴蝶的过程、毛毛虫与蝴蝶的特征与习性等,但从活动内容中却看不出如何能达成这许多目标。第二个活动——"小狗长大了!"除了"生长与习性"目标订得太广泛外,另一则是目标与活动进行内容不是完全一致,活动进行内容涉及哺乳类动物,但哺乳动物并未列为该活动目标。

活 动 名 称 蝴蝶的一生

◎教学目标

1. 知道毛毛虫变蝴蝶的过程

2. 知道毛毛虫和蝴蝶的特征与习性

3. 运用肢体表现蝴蝶的一生

◎活动过程

引起动机

手指谣:一只毛毛虫

发展活动

1. 团体讨论毛毛虫长大会变成什么? 蝴蝶是怎么变来的?

2. 以图画书说明蝴蝶的一生:蝴蝶交配 → 产卵 → 幼虫 → 蛹 → 蝴蝶。

3. 请幼儿将自己陆续变成一个卵、毛毛虫与蝴蝶。

统整与评量

全班分成三组,每组轮流实际操作一次,其他各组观察。

活动名称 小狗长大了

◎教学目标

1. 了解狗的生长与习性

2. 养成专心上课的习惯

3. 培养踊跃发表、参与活动的情操

◎活动过程

引起动机

询问幼儿:狗是怎么长大的?它们刚生出来的时候是什么样子?让幼儿发表自己的想法。

发展活动

1. 念读《小狗出生了》与《我是这样长大的——小狗》两本图书。

2. 讨论书中内容

小狗刚出生是长得什么样子?狗是怎样长大的?它们喜欢做什么事情?并提及狗是胎生动物中的"哺乳动物",因为小狗刚出生时是喝母狗的奶而长大的。

3. 玩游戏——"哺乳动物变变变"

教师说出老虎、大象、长颈鹿、小猫、小猪等各种动物名称,并请幼儿做出该动物的动作及声音。

统整与评量

最后再利用狗狗成长的大挂图,请幼儿上台看图说明,并同时进行评量。

二、活动过程要能运用探究能力

主题探究课程有别于单元课程或一般传统取向课程,是在于它的"探究性",其重要精神为知识是必须探究与建构的,而非坐等他人灌输;如果主题课程的活动仍是教师主导或讲授取向,就不能称之为主题探究课程。因此,在设计主题探究课程的活动时,必须尽量设计解决问题或探索未知等能运用探究能力的活动,这些探究能力包括:观察、推论、假设、找资料、分析、记录、比较、讨论、验证、访谈等。例如:在"好吃的食物"主题下设计"小小市场调查员",就是让幼儿至超市"观察""记录"与"分类"参观所见的食物;"向妈妈请益"就是"访谈"幼儿家长有关食物的各种烹调方式;"查阅食物图鉴"就是"查询"有关食物的种类与营养的资料;"我的饮食日志"就是"记录"每日所吃食物内容,并"分类"健康食物与垃圾食物。以上主题相关知识的建构是充满幼儿的行动力的,有别于教师的主导灌输。而且更重要的是,在探索的过程中,幼儿不断地"运用"所获知识于新的情境中,如:"创意&健康烹饪"是在了解各种烹调方式与营养食物的概念后,运用这些概念于实际烹饪行动中;"我的饮食日志"是了解健康食物后,每日于生活中实际"记录"与"分类"所摄取食物。"开商店&买菜了!"活动中,幼儿可以将所获得的食物种类知识具体以美劳素材表征,并且制作相关的品保标志或记载保存日期,实际将所学的知识运用于游戏活动中;另外"超市采购行!"也是在了解选购与品保标志后,到超市实际练习采购。就此而言,以上所举"蝴蝶的一生""小狗长大了"两个活动则比较缺乏探究性,恐怕在进行此一活动时,还必须辅以实际观察与记录的探究活动,如:观察与记录毛毛虫变蝴蝶的过程以及刚出生小狗的样态与习性等。就好比主题是"好玩的球",幼儿必须通过各种探究行动去体验球的好玩与各种玩法,而非仅借由教师讲授去感受与得知球的玩法一样。

除了活动设计趋向解决问题或探索未知外,教师在幼儿的探究行动中要不断提问,以刺激幼儿的思考与进一步的探究行动。以下举三个活动实例,具体说明教师如何进一步通过问题情境与提问,引导幼儿探究,这三个活动均取自本人所编——《幼儿园幼儿科学课程资源手册》。

活动名称 水真好玩

1. 教师提供粗细不同的水管,让幼儿自行探索,并鼓励幼儿创造新的玩法。

2. 问幼儿:"同样大小的水管,有什么方法可以让水喷得比较远(直)?"让幼儿动手尝试。

3. 问幼儿:"有什么方法可以做出一个喷泉?""要怎样才能让喷泉的水愈喷愈高?"让幼儿动手操作。

4. 请幼儿思考:"如果要浇花,用水管应该怎么浇,花才不会受伤?""如果要洗有污垢的地板(如果地板有一坨泥块),用水管应该怎么洗,地板才会干净?"然后让幼儿实际操作验证想法,并分享操作后的发现。

5. 活动后,叮咛幼儿更换衣服,以避免感冒。

6. 延伸活动:利用各种器材(如:水枪、气球、宝特瓶等),让幼儿创造水舞。

活动名称 快乐野炊

1. 教师生好一堆营火(或柴火),让幼儿先观察火的形状(看起来像什么?)、味道、声音,并请幼儿加以描述,或用肢体动作表达"火"。

2. 然后让幼儿将手放在火堆上方远处和火堆正上方,问幼儿感觉有何不同?哪里的温度比较高?

3. 准备二~三个火源,将欲烹煮的食物分别放在距离火源远、中、近不同的高度。

4. 先让幼儿猜猜看食物放在哪里会比较快熟？以及解释为什么？

5. 然后请幼儿观察食物在烹煮的过程中有何差别？由生至熟所需的时间是否有差异？若有,可能原因为何？哪一种距离的烹煮结果比较理想？

6. 可与幼儿讨论有什么方法可以让火更大,让肉更快熟？如:可将油滴一点到火里或用扇子扇助燃等, 或利用烤肉油滴入火堆中,让幼儿观察火的变化,适时引入讨论,教师可配合讲解"火上加油"的含意。

7.教师综合归纳并提醒用火安全。

活动名称 借光弄影

1. 打开投影机问幼儿:"投影机可以做什么？为什么？投影机的灯光和电灯的灯光有什么不一样？你想和投影机玩什么游戏？"

2. 请小朋友站在投影机前面当模特儿。教师问:"有什么办法可以让模特儿的影子变大或变小？"或是:"有什么办法可以让很多人的影子同时出现在荧幕上？"(调整光源距离)

3. 教师取一个物体(假设是一个布偶)置于光源和荧幕中间,让荧幕上呈现布偶的影子。教师问:"有什么办法可以让布偶影子变大变小又或变出很多个影子？"(数个角度不同的光源,则会产生数个影子)

4. 让小朋友持手电筒自由操作, 从人的位置调整或光的位移来探索光源的角度或方位所产生的影子变化。

5. 教师统整相关概念。

三、活动内容要具有创意或能发挥创意

许多人喜欢抄袭坊间教材或现成参考资源，完全没有自我创意成分，培养创意应变的个体也是新时代课程与教学目标，故必须从教师自身做起——创意地设计活动并让幼儿从中发挥创意。在以上"好吃的食物"主题下，进行"创意蔬果汁""创意泡菜""创意沙拉""创意 & 健康烹饪"，均是让幼儿可以发挥创意的活动，如三明治可以是四角形、五角形，夹层内容有无限变化，寿司外形与内容亦是如此。此外"制作创意食谱大全"，幼儿更可以大胆将不同材料结合，运用创造力，绘出色香味俱全的菜色。以下举语文、自然与音乐领域，提供几项可以让幼儿发挥创造力的活动。

(一) 语文领域: ·改编念谣内容(改编手指谣的词句)。

·改编故事(改编窠臼的角色或情节)。

·进行故事接龙(创意接龙，与原故事内容不同)。

(二) 自然领域: ·哪种船不会沉(试验各种材质与造型的船在水中的浮沉状态)?

·废铁 & 磁铁雕塑 (将废铁器与磁铁创意组合或雕塑成造型)。

·大自然雕刻师(实验与观察水的流动情形与土壤的关系)。

(三) 音乐领域: ·改编歌谣节奏(如:改编"火车快飞"为"火车慢飞"，将"小星星"由四拍改为三拍等)。

·制作克难乐器并合奏(运用铁盒、纸盒、锅、盆等制作打击乐器或丝弦乐器)。

·改编歌词(如将"大象"儿歌改成:河马，河马，你的嘴巴怎么那么大? 妈妈说嘴巴大，才能吃得多……)。

·进行创造性律动(如按不同节奏表现动物移动的随性创造与表达肢体动作)。

第三篇

台湾幼儿园课程/教学展望篇

无论是在本书社会建构基本立论下,或是在第一篇从"幼儿发展与学习特性"的角度,与在第二篇从"培育幼儿适存新时代社会"的目标而言,主题探究课程/教学均是较为适切、符应需求的课程。因此,基于鼓励幼儿园与幼儿园教师创新发展课程,第三篇进而分析台湾幼儿园课程与教学的现况,显示在台湾仍有很大的努力空间。其次第三篇还探讨课程/教学创新发展的可能类型,发现其实课程创新可以是由少数教师开始促动,而且可以在短期内进行,甚至只是改编现成的坊间教材亦可。此外,本篇也分析课程/教学创新发展的特性,归纳逐渐演化性、整体牵动性与复杂不定性三项特性;以及探讨课程创新发展的影响要素,发现人的信念与组织要素为重要影响因素,其中以人的信念为决定要素,深深影响着课程实施的推动与其实施样貌。综合上述,笔者提出课程与教学创新发展在具体实务面上的三项策略,俾使有心推动园所与教师参考——提升各层级专业成长、系统化呈现幼儿进步表现,与强化语文于课程中的探究角色。最后笔者综合归纳本书结论并提出对台湾幼儿园课程/教学创新发展的期许——园所相关人员必须秉持"与轮共舞"的道德使命,以及全园同心与社区/家长携手共建幼儿的课程。

第六章

幼儿园课程/教学的创新发展

面对新时代高度竞争与变动不安的挑战,我们提出幼儿园的课程与教学应以培育求知人、应变人、完整人、民主人、科技人与地球人为目标;而一个富探索、游戏、建构、鹰架、统整、计划与萌发特性的"主题探究课程",是最能实现新时代的课程目标,而且也非常符应学前幼儿的特性——全人发展、渐序发展、个别差异、文化情境与探索建构性。在另一方面,课程是教室生活故事,是在教室生活中逐渐发展的,因此笔者呼吁教师在教室中与幼儿共同活出"与轮共舞"的故事,体验求知人、应变人、完整人、民主人、地球人的生活,逐渐发展出符合新时代需求的课程。然而目前台湾幼儿园课程与教学的现况究竟是如何?是否驰骋于"与轮共舞"之轨呢?本章第一节旨在介绍台湾幼儿园课程与教学的现况,以作为第四节笔者针对台湾特殊情境,提出课程创新发展策略的考量;第二节则在介绍课程创新发展的可能类型与其特性;至于第三节为综合文献,分析影响课程与教学创新发展的要素。最后第四节笔者乃综合以上课程创新发展影响要素、可能类型与特性,以及台湾课程与教学现况,试图由他山经验与个人辅导经验中,归纳有利台湾幼儿园课程与教学创新发展的重要策略。相信这样的论述与分析,有助于有心进行课程与教学创新发展的幼儿园与教师作参考。

第一节

台湾幼儿园课程/教学的现况

本节将分台湾幼儿园课程/教学相关背景资料以及课程/教学现况两部分加以呈现。

一、幼儿园课程/教学背景资料

欲探究台湾幼儿园的课程与教学现况,必先对台湾幼儿园的背景资料有一些了解。首先就幼儿园设立的基本门槛而言,根据2002年《台湾幼儿教育普查计划成果报告》(嘉义大学,2002)显示,浮出台面的未立案幼儿机构共有1 037家,而台湾立案幼儿园总计3 189家,未立案园数约占台湾幼儿教育机构总数之四分之一,高比例的未立案现象,在台湾幼教界实不容忽视。虽然立案未必等同于高质量,但未立案幼儿园未摊在阳光下,其质量确实比较令人担忧,尤其又有高达四分之一园数的未立案幼儿园存在。

其次再就教师素质而言,2001学年度台湾幼儿园教师合格率为58.38%,不合格教师率为41.62%。其中公立幼儿园合格教师率为99.35%,私立幼儿园合格教师率为45.75%,私立幼儿园的不合格教师率高达54.25%。高比例的不合格教师存在的现象,尤其是占台湾幼儿园大多数的私立幼儿园,其不合格教师率高达半数以上,对于所提供的课程与教学质量,势必有所限制。

表 6.1.1 台湾幼儿园立案率

统计项目 \ 属性	立案幼儿园	未立案幼儿园	总计
园数	3 189	1 037	4 226
百分比	75.46%	24.54%	100%

表 6.1.2 台湾幼儿园教师合格率

教师资格\幼儿园	合格教师	不合格教师	总计
公立幼儿园	99.35%	0.65%	100%
私立幼儿园	45.75%	54.25%	100%
全台幼儿园	58.38%	41.62%	100%

综上所述,台湾约有占幼儿机构总数四分之一的未立案幼儿园存在,在四分之三立案幼儿园中又有高达四成以上的不合格教师存在。就此整体性背景资料而言,其所提供的课程与教学质量昭然若揭,实令人堪忧。

二、幼儿园课程/教学现况分析

虽然近年来有一些幼儿园致力于课程创新,不过进一步分析各项文献资料明显可见,台湾幼儿园的课程与教学仍有很大的进步空间。依笔者文献分析,台湾幼儿园课程与教学现况具有四项特征:分科与才艺教学当道、过分依赖坊间教材、教学开放性不足、对英语教学与全英语的迷思。现分别叙述如下。

(一) 分科与才艺教学当道

台湾幼儿园课程与教学最明显的现象是分科与才艺教学当道,许多幼儿园的课程有如小学般,各科分立、单独授课,如:语文、自然科学、资优数学、正音等;而且于各分科课程之外,尚有许多才艺课程,如:陶土、计算机、心算、体能等。这些现况充分显现于历届幼儿园评鉴结果报告中,以及各项研究文献中。诸如:信谊基金会(1986)对台北市幼儿园、托儿所进行访员问卷调查,发现台北市园所约有 49.6%设立才艺班;简明忠(1987)曾进行"台湾学前教育现况及问题之调查研究与分析"研究,发现台湾地区约有 85%之幼儿园设有才艺班;简楚瑛(1995)探讨当前幼儿教育问题与因应之道,在课程与教学方面重要发现之一,即为私立幼儿园普遍施行变相才艺教学;林佩蓉(1995)根据相关研究结果、评鉴报告与访视辅导的经验,归纳台湾幼儿园教学实务特色之一为分科教学——灌输式教学法,反映片面发展观,而非全人发展观;此外,笔者(1997b)也曾对台湾幼儿教师的教学行为现况加以研究,发现台湾幼儿教师的教学内容偏重认知性课程,且实行分科教学,才艺课程充斥。

基本上分科与才艺教学是将各学科内容分科单独呈现,各科间各行其是,没有相关性,在知识的呈现上显得支离破碎,与持全人发展观的统整性教学是相悖离的。表6.1.3即为《台湾幼儿教育普查计划成果报告》(嘉义大学,2002)中所呈现的幼儿园才艺课程情形。

表 6.1.3 台湾幼儿园才艺课程种类

才艺类别 幼儿园属性	外语	电脑	其他	外语与电脑	外语与其他	电脑与其他	三种皆有	总计
公立	57.6%	19.1%	7.4%	9.3%	3.9%	0.8%	1.9%	100%
私立	28.5%	4.0%	1.3%	50.3%	4.6%	1.4%	9.9%	100%

从表中可以发现台湾幼儿园才艺课程的充斥情形。其中公立幼儿园以单授一种课程的情形明显较多(单授外语、单授计算机、单授其他);而私立幼儿园则以兼授两种及兼授三种的情形明显居多(外语兼计算机、计算机兼其他、外语兼其他)。换言之,私立幼儿园普遍教授两种以上的才艺课程。

(二) 过分依赖坊间教材

台湾幼儿园课程与教学的第二个明显现象是过分依赖坊间教材,换言之,各幼儿园并未依园所目标与本地特色、优势,以及幼儿特性,量身制定自己园所的课程,或是参酌现成教材并综合考量园所状况加以设计,而是完全采用现成的坊间教材,按照坊间教材的进度上课。有趣的是,根据相关研究报告,台湾幼儿园坊间教材的质量良莠不齐(屏东师院,1990;新竹师院,1993)。不过最近几年笔者发现有一些坊间教材的质量已大幅提升,有一些出版社也确实聘请专业人士研发教材。我们认为质量优良的坊间教材可作为课程与教学的参考资源,尤其是新手教师;重要的是教师在使用时宜参酌园所本地特色与幼儿状况等加以弹性运用或改编,"慎选"与"慎用"坊间教材是必要的,而非完全照本宣科。过分依赖坊间教材的现象亦由历届的幼儿园评鉴报告与相关研究报告中明显可见。诸如:信谊基金会(1986)曾对台北市的所有幼儿园、托儿所进行访员问卷调查,发现其课程内容的设计与安排,以由幼教社提供教材为主要教学来源;简明忠(1987)曾进行"台湾学前教育现况及问题之调查与分析",发现台湾地区有 57.2%的幼儿园教师采用幼教出版社所编印的教材;简茂发、郭碧唫(1993)在其"儿童为主导的自由游戏在台湾幼儿园的运用"研究中,发现幼儿园大、中、小班课程中普遍安排作业簿练习活动;简楚瑛(1995)探讨当前幼儿教育问题与因应之道,在幼儿园课程与教学方面的重要发现之一,即幼儿园课程设计及教材内容过度依赖现成教材;笔者(1997b)也曾对台湾幼儿教师的教学行为现况加以研究,重要发现之一即为过分依赖各类抽象纸笔练习为主的教材来源。

(三) 教学开放性不足

台湾幼儿园课程与教学的第三个特征是教学偏向主导,开放性不足,换言之,教师多施行主导性较强的全班大团体活动,成天面对幼儿灌输知识,鲜少进行个别角落探索或是分组活动;而且与幼儿的互动过程中也显现教师主导、教学开放性不足,无法启发幼儿思考现象。此一特征在历届幼儿园评鉴报告与相关研究文献中多有记载。诸如:简茂发、郭碧唫(1993)在其"儿童为主导的自由游戏在台湾幼儿园的运用"研究中,发现在台湾幼儿园中,以幼儿为主的主导性游戏平均仅占幼儿在园中一周时间的 12%;简楚瑛(1995)探讨当前幼儿教育问题与因应之道,在幼儿园课程与教学方面重要发现之一,即教学多倾向一元化、团体化,甚至军事化,无法因应幼儿个别差异及需要;林佩蓉(1995)根据相关研究结果、评鉴报告与访视辅导的经验,归纳台湾幼儿园的教学实务特色之一为教师是主导者,以团体活动为主要的教学活动方式,反映被动发展观;笔者(1997b)也曾对台湾幼儿教师的教学行为现况加以研究,重要发现之一即在教学方法方面多半是进行知识灌输的大团体活动,整体而言,较缺乏具体化的经验性或探索性活动。

　　(四) 对英语教学与全英语的迷思

　　台湾幼儿园课程与教学的第四个明显现象是,普遍重视英语教学或实施全英语课程。诸位抬头可见街道上许多幼儿园挂着英语教学招牌,或以实施完全的英语教学为主来吸引家长将幼儿送园就读。有关英语教学受人诟病的问题较重要者为:就英语师资而言,许多外籍英语教师无教育背景,更遑论幼教背景,而有些中籍教师则发音并非很正确;再就课程而言,标榜全英语的幼儿园甚至会要求幼儿"No Chinese",即不得以中文表达,违规则受罚,此举不仅传输"外国的月亮是圆的",减损民族自信心,而且对母语能力才正在发展中的幼儿而言,是非常困难的,易使其备受挫折。以上种种均显示"反教育"现象,颇值我们深思。若幼儿园能以认识多元文化为旨并采融入式的教学,强调游戏性与趣味性,引发幼儿学习文化或语言兴趣,是我们较能接受的方式。

　　综合上述,就整体背景而言,台湾幼儿园的课程与教学质量由于未备案幼儿园的存在与不合格教师的充斥,已显现"先天不足",无怪乎在实施现况上呈现上述课程与教学上的偏颇现象, 与本书所揭示以培育求知人、应变人、民主人、地球人、科技人、完整人为旨的主题探究课程/教学显有鸿沟与差距。因此台湾幼儿园课程与教学在未来仍有很大的努力空间,各幼儿园创新发展课程并容许教师在课室中活出"与轮共舞"故事,是今后必须努力的方向。

第二节

课程/教学创新发展的类型与特性

　　幼儿园必须生成与创新能因应未来时代之需且具有特色的本位课程,是今后亟待努力的方向,而了解课程发展的类型,提供不同选择,实有利于课室中早日实现活出"与轮共舞"故事的时代使命。此外,了解课程/教学创新发展的特性,则可针对其特性早日作心理准备,为课程/教学创新谋略与铺路,以达未雨绸缪之效。

一、课程/教学创新发展的类型

笔者以为幼儿园的课程发展有两种状态:"无中生有"或"改变现有"。无中生有是指园所原本没有自己的课程,多半使用坊间教本,而后园所以培育幼儿适应未来社会生活为旨,自行研发一套符合园所特色与时代所需的新课程,此乃"无中生有"状态;改变现有意指园所或许有自己"调配"出来的课程,无论是改编、选编或参考自坊间教本,或是完全自行设计出来的课程,现在以培育幼儿适应未来社会生活为旨,重新研发一套符合园所特色与时代所需的课程,即为"改变现有"状态。而无论是"无中生有"抑是"改变现有"状态,课程创新的研发方式可以是参考坊间教本或相关资源加以选择、改编,或是完全自行探究与设计,不过所强调的研发重点应为:(1)课程最高宗旨在于培育幼儿适应未来社会生活,强调探究能力的培养;(2)课程实质内涵是具有特色的"园本课程",如纳入本地特色与优势。

根据 Marsh、Day、Hannay 与 McCutcheon(1990)所言,有关学校本位课程(School-based Curriculum)的发展乃由三个向度,且每个向度各有四种类型,所交织而成的六十四种形态而组成。三个向度与其下各四种类型分别是:"参与人员"(个别教师、小组教师、全体教职员、全体师生与家长)、"活动类型"(探索一或多个领域、选用、改编、创造)、"投入时间"(一次性活动、短期、中期、长期)。因此,可能的本位课程情况也许包括:一位个别教师在某个教学月份中选用现有教材;或者是一组教师在一学年中改编现有教材;其或是结合全体师生、家长在更长的时间中创造新的教学材料。以上情况中的最后一种当然是比较理想的做法,不过可以确定的是,幼儿园本位课程的类型是多样的,在参与人员、活动类型与投入时间上是可以有各种不同组合与变化的,在Marsh 等人的分析中则有六十四种形态(四种参与人员×四种活动类型×四种

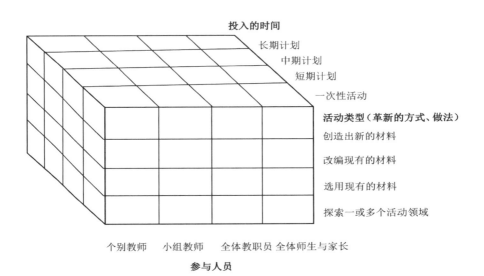

投入的时间
长期计划
中期计划
短期计划
一次性活动

活动类型（革新的方式、做法）
创造出新的材料
改编现有的材料
选用现有的材料
探索一或多个活动领域

个别教师　小组教师　全体教职员 全体师生与家长
参与人员
（四种参与人员×四种活动类型×四种投入时间=六十四种类型）

◎图 6.2.1　Marsh 等人的课程发展类型

投入时间=六十四种类型）。

的确，诚如笔者前言，无论是无中生有或改变现有的状况，幼儿园课程发展的方式可以是参考坊间教本或相关资源加以选择、改编，或是完全自行设计，甚至是援引现成课程模式加以在地生成发展皆可，只要是以幼儿发展与学习特性为基础，以"培育幼儿适应未来社会生活"为最高宗旨，并能考量园所目标与地域特色、优势即可。就此，我们不仅鼓励少数个别教师率先创新行动，扮演教师是课程研究者与发展者角色，在教室内与幼儿共同"与轮共舞"，即使是短期、中期的努力均是可接受的，而且更期望能蔚然成风，带动全面、长期、理想的幼儿园本位课程创新。

二、课程/教学创新发展的特性

笔者综合课程转型发展相关文献，以及研究、辅导经验，发现课程与教学的发展或创新具有下列三种特色：逐渐演化性、整体牵动性、复杂不定性，现分别说明如下。

(一) 逐渐演化性

课程是发展与生成的,它必须假以时日,无法躁进与期望一蹴可几的;任何幼儿园从事课程发展或创新均必须体认其逐渐演化特性,并且秉持容忍缓慢成效的心态。笔者曾辅导一所公立幼儿园进行课程转型,直至第二年结束,教师的教学表现仍难以去除传统教学影子(周淑惠,2003a;Chou, 2000);笔者的研究生曾在一所托儿所进行本位课程创新,历经一年期间的挣扎才乍见曙光,稍见开放教学雏形,但离真正的开放教育与本位课程还有一段距离(吴采燕,2005),以上二例均为明证。此外,诸如:师大附幼(台湾师大附幼,1996;廖凤瑞,1997)、佳美幼儿园(佳美、新佳美,1995;刘玉燕,1997)的课程转型均是投注数年时间与精力方有今日的成果。

在另一方面,诚如笔者在前面所提及,许多幼儿园在进行课程创新或课程转型时,喜欢援引国外著名的幼教课程模式,并且直接套用如:高瞻(High Scope)、蒙氏、方案等。但是任何课程模式或制度都是"源远流长"地在某一个特殊的环境下演化生成的,因此幼儿园若要采用任何现成的课程模式,都必须综合考量其园所目标、地域特色与优势,特别是未来时代需求等要素,并且容许在台湾幼儿园环境中逐渐发展成适合本土情境的课程,它是必须假以时日的(周淑惠,2003b)。综而言之,课程创新或转型无论是采用现成的课程模式,或是自行研发设计,均必须在园所的试行行动中逐渐发展、落地生根,完全抄袭照搬或期望速成效果,是绝对不可能的。

(二) 整体牵动性

课程革新所涉及的是幼儿园整体园所的变化,非仅有课程内涵与教学形态的改变而已。Eisner(1994)所言甚是,教育革新不仅需要对学校作更深入与广泛地分析,它也必须集体地专注于学校的各个面向,方能实现一个整体性、生态性与系统性的改革,这些面向包括:教育目标、组织结构、课程内涵、教学方法与评价系统。Reid(1999)也指出,课程变革是学校系统各个主要层面的动态平衡结果,这些层面包括技术工学、人际社会体系、相关理论;亦即课程实施涉及课程与教学技术层面,人与人间权力关系,课程与教学的理论,还有人的信念、想法等,以上这些因素不仅均牵涉在内,并且动态的交互作用。诚如 Eisner(1994)所指,我们在进行课程改革时,要把学校当成是"一个整体"来处理,教育改革所处理的是创造学校文化的问题;幼儿园课程转型乃是一整体系统性的变化,并非只是更换课程内容即可奏效,整体组织的成长实与课程转型经验息息相关(周淑惠,2003a;简楚瑛、林丽卿,1997)。具体而言,学校系统的每一个部分均是环环相扣的,如:评价系统影响课程与教学的内涵,组织结构也影响课程与教学的实现;我们不可能仅要求课程改革的成效,却忽略其他各部分也必须跟着配合改变的事实,这是显而易见的道理。有名的课程专家欧用生(1995)曾指出:课程改革若不能连带改革学校整体结构,理想将难以实现。因此,有心人士进行课程创新时,必须上下一心,针对幼儿园整体进行系统化地思考与系统化地变革,共同为创新愿景而努力。

(三) 复杂不定性

正因为改革是牵动学校整体系统的,往往会因牵一发而动全身,因此,任何的革新行动不仅缓慢费时,而且在这革新的历程中充满了不确定性与复杂性。Fullan(1993)将改革视为一个"旅程",是一个十足反映人生的"未知命运之旅",而非预先勾勒好的蓝图。此一"未知命运之旅"的譬喻,道出课程创新的真正特性:我们无法预知明天将如何,正如同无法知晓课程革新之举于何时、何种关节会发生什么事,因为影响变革的因素涉及学校整体层面,甚至外部环境因素也会对其发生影响,可以说因素实在众多且彼此交互作用,形成错综复杂的动态关系。因此,任何幼儿园在投入课程创新时,均须秉持高度容忍不确定性与复杂性的心态,全心全意地投入探究与解决问题中,最重要的是人员之间彼此相互支持,携手共同迈向创新之旅。

课程/教学创新发展的影响因素

　　理解课程创新发展的多元类型以及复杂且缓慢特性后,若能继而探知课程创新发展的影响要素,必能有助于课程革新转型的实现,本节即在进一步探究这些重要的影响要素。在前一节,笔者分析课程创新与发展具整体牵动性与复杂不定性,如同未知命运之旅般,其影响因素众多且交织纠缠。就此,Posner(1992)提出课程实施的"架构因素"(Frame Factors),以试图说明一个学校课程创新或执行的可能影响因素,他认为这些因素如同"框架"一般,它可以促进或限制课程的实际运作,端看如何看待与运用。这些架构因素诸如:人的架构、时间架构、物理架构、组织架构、经济架构、文化架构、法政架构等。而前四项——人的架构、时间架构、物理架构、组织架构对于课程的执行发生较直接影响力,是"近侧要素"(Proximal Factors);后三项——经济架构、文化架构、法政架构则是比较远或是"高层要素"(Higher-order Factors)。兹叙述如下。

　　1. 人的架构

　　人的架构是让每一个学校独特于他校的重要因素,它包括教师、学生、行政人员等的个人特质,这些因素直接影响课程,例如学生的能力。其中又以教师部分最具关键性,教师的学科知识、教学技能、对学生的认知、对教学的态度、对新观念的开放性等均具影响力,尤其是教师的信念塑造了课程的样貌;通常教师会抗拒与自己信念不合的课程,接受与自己信念吻合的课程。换言之,教师"改编"(adapt)课程,而非"采用"(adopt)课程。

　　2. 时间架构

　　时间是教师最珍贵的资源,而通常时间是不够用的。在执行课程时,教师必须考量课程所涵盖的内容量、内容难度,以及对学生学到什么的期望。此外,时间因素尚包括教师备课的时间,例如:课程规划、教案撰写、教材准备、批改作业等。

3. 物理架构

物理架构虽大部分无法立即操作而加以改变,但仍对课程的执行深深发生作用。它包括了学校的自然环境、人造环境(如:实验室、教室等建物),以及设备与教材等。

4. 组织架构

学校是直接执行课程的场所,学校是一个整体,尤其是它的行政与政策对新课程的欣荣或凋零具决定力。组织因素尚包括班级大小、能力分班、回归主流政策等。

5. 经济架构

课程改革必须考量成本与获益,经济因素不仅包括狭义的经费支出,如额外的人事费、教材设备费等,它也包括人员与学生的士气、教学时间与精力的付出,以及与社区(父母)的关系等较广泛的成本考量。而经费的部分在公立学校往往是取决于政府的补助。

6. 文化架构

课程所代表的就是一种价值,课程也必须要符合社区内的文化以及学校本身的文化,方得以顺利执行。而学校本身就代表一种文化,它具有一组可接受的信念与规则,处处支配着人类的行为。

7. 法政架构

每个中央或地方政府对于学校的课程与教学都有一些相关的法令规定,例如:对学生毕业条件的规范,对课程实施的基本纲要、对教师资格的规定、对学校绩效的测验等,这些因素都会或多或少影响到课程的执行。

笔者综合以上 Posner 的论点与其他文献所载,以及针对台湾幼儿园的生态环境,归纳影响台湾幼儿园课程创新的要素,不外乎"人的信念"与人以外的"组织要素"两大层面(周淑惠,1998)。的确,教师是课程推动的主角,从"教师专业社会化"观点而言,学校情境因素对教师有一定的影响力,甚至塑造其教学行为;因此教师个人的信念与其所面临的工作,实共同决定教师的教学实务(Grant & Sleeter, 1985)。Posner 的时间因素、物理因素与组织因素其实均可以归入"组织要素",只要整个组织支持课程革新,时间、物理环境与资源均不是问题,以及各项有利课程执行的重要政策均会被制定。而整个组织支持课程革新,是取决于组织中人的信念,因此,归根究底我们认为信念是课程创新的决定要素。因为只要有坚定的专业信念,就有可能排除万难与限制,让"组织要素"不成为阻力,反为其所用,成为正向的"架构因素",甚至能教化与影响家长与社区,让课程改革得以顺利进行。

一、人的信念

人的信念实包括教师、园长、负责人等园方所有人员的信念,其中以教师信念影响重大。教师信念决定了课程实施的样貌,有强烈的信念,必然会追求专业知能,将课程创新付诸实际行动。在另一方面而言,课程改革文献中所提及的"表面课程"(Bussis, Chittenden, & Amarel, 1976)与"诉诸内在"(O'Brien, 1993; Olson, 1982; Ryan, 2004) 现象, 均说明教师与课程制定者因信念的差异,形成以自己的理解执行既定课程,导致发生各种落差现象,如使课程丧失原貌,甚或完全扭曲的事实。Romberg(1988)所言甚是:"任何改革最主要的障碍乃教师内在根深蒂固的信念。"此外,信念不仅决定课程实施的样貌,而且也根深蒂固,无法立即改变,形成课程革新的成败关键。在笔者关于课程转型的实证研究中,发现教师教学行为常"游移两难"、难以突破,乃因教师原本顽强的信念非短期即可改变, 导致教学常在开放与主导之间游移不定的现象(周淑惠,1998);即使到了第二年,虽然教师专业表现较为稳定,但其教学中仍不免掺有传统教学的影子,无法完全跳脱(周淑惠,2003a;Chou, 2000)。以上现象显示 "课程革新乃为教师自身信念的争战"(周淑惠,2003a;Chou, 2000),信念是课程创新的决定要素。就此而言,颇值我们省思的议题是:台湾幼儿园教师具有开放、建构的教学信念吗?体认"与轮共舞"的时代目标吗?看重自己的课程萌发角色吗? 从本章第一节所载台湾幼儿园教师合格率有限,以及笔者所分析台湾幼儿园课程与教学现况——分科与才艺教学当道、过度依赖坊间教材、教学开放性不足,以及对英语教学与全英语的迷思,不难看出未来仍有很大的努力空间。

在台湾私立幼儿园占大多数,身为负责人的老板与管理者的园长对幼儿园的课程走向居支配地位,因此园长与负责人的教育信念对于推动课程创新就显得十分重要。若园方领导者具有开放、建构的教育信念,自然会愿意向下授权创新课程,强化教师的课程生成角色;或担负起"改变促动者"(Change Agent)的角色,推动课程创新。此外,幼儿园进行课程创新时,家长的信念也必须考量,根据笔者的实证研究显示:家长是课程革新载舟、覆舟的中介力量——家长认同课程创新,教师士气激增、革新有望;家长持疑,则教师士气低落、为之却步(周淑惠,1998);家长无疑是牵动课程革新的重要行动力量。东方社会家长的教育信念本就非常囿于传统思想,尤其是现代社会少子趋势,望子女成龙凤心态特别强烈,于是拔苗助长、强行灌输,深期孩子在读写算能力的优异表现。而创新的课程通常强调游戏、探索、建构的学习方式,再加上探究、解决问题等高层次认知能力的培育,非一蹴可几,家长不免会对课程革新持疑。我们认为若园方上自负责人,下至教师均能秉持正确的教育信念,同心协力致力于课程革新,并借各种方式将家长融入课程中,进而教化之,课程改革之阻力当能减至最小。

二、组织要素

学校的组织与文化是使新课程落实的土壤和养分,它关系着课程改革的成败,因此课程的转型必须先要学校再造(Restructuring)与文化再生(Reculturing)(欧用生,2003)。毋庸置疑地,课程改革与创新有赖全园上下一致、同心协力,它所处理的是学校整体文化的创造(Eisner, 1994),以及学校整体层面的投入。Eisner(1994)指出学校改革涉及学校整体制度全面性的改变,包括:教育目标、支持的结构、课程的内容、教学的方法与评价的系统。具体言之,在课程创新中,学校必须被视为一个整体(Eisner, 1994; Posner, 1992),不仅在人力、物力各方面的投入,在整体结构、行政与管理等各项政策上也均须配合,它包括人事制度、工作时间规定、物力管理与权力的重新分配等。举例而言,园方是否给与教师教学讨论的时间或是课程规划的时间?幼儿园教师的工作是长时间的,尤其有些幼儿园为配合家长接送,教师本就必须加长工作时数,因此让课程革新之举愈发困难。其次园方是否有鼓励教师成长或研习的制度?当教师出外研习或在园参加成长课程时,是否有另聘专人协助照顾幼儿的制度?每班是否有两位专职教师的充足人力,让教师得以一面安心创新课程,一面教化家长?以及当教师因课程之需,需相关的材料或硬件,园方是否有简化的申请程序并全力支援与及时充裕提供?总之,幼儿园在进行课程创新或发展时,全园上下不管是人力资源、物力资源,或是各项有形、无形政策均须全面投入与支援。

更甚的是,在每位教师都是课程研究者、每一间教室都是课程实验室的理想情况下,学校势必要成为一个教育论坛、学习型组织,以及能教育社区的课程改革中心和道德领导中心;因此,学校中人与人间的关系也要由权力的控制转成权力的共享,共同解决问题、共创美好的未来(欧用生,2003),这是整个组织文化的彻底改变。就此,Tharp 与 Gallimore(1988)将学校的意涵与教学的意涵同等视之,均视为"被协助的成就表现",提出学校新文化的"三位一体协助键"。他们认为学校行政层级应一改"甲监督与评估乙,乙监督与评估丙"的模式,转为"甲协助乙,乙协助丙"的"甲-乙-丙"层级的长键协助模式,即每一个层级的人都要协助"下一个层级的人去协助下一个层级的人"。总之,每一个人在学校文化中是要协助其他人,而非控制,我们颇为赞同其观点。

第四节

课程/教学创新发展的重要策略

针对专业信念是课程革新的决定要素,以及课程创新发展的逐渐演化性、整体牵动性与复杂不定性,笔者试图提出促成课程创新发展的三项策略——提升各层级专业成长、系统化呈现幼儿进步表现,以及强化语文于课程中的探究角色。此三项策略犹如医生于诊疗过程中需对就诊者适时注射营养针、安心针与强心针般,让课程创新与转型之举得以实现。有心"与轮共舞"、创新课程的幼师或幼儿园,不妨参考这三项策略,期能畅行于课程改革之路。

一、"与轮共舞"营养针:提升各层级的专业成长

我们认为,在进行课程创新发展之初,首须提升各层级人员的专业成长,包括专业信念与知能,此举犹如施打"营养针",储备充分体能,方能展开劳心费力的创新与改变之旅。Henderson 与 Hawthorne(2000)所言甚是,在改革行动中,幼儿园的领导者或相关人员要担任 "转型的课程领导"(Transformative Curriculum Leadership)角色,他必须是一个具有大格局的教育思想家,能作系统思考的改革者;同时,他也是一个能与他人协同合作者、积极主动的公开支持者以及建构真知想法者;他必须参与支持性的社群对话, 学习以智慧与坚定的信念面对群众, 进而实际推动革新方案。Fullan(1993)指出,教育是有道德使命感的,学校中的每一个人,包括领导者、教师都必须成为"改变促动者"(Change Agent);尤其是教师要持有五种反省思考的工作伦理——创新的、关怀的、批判的、缜密的、合作的(Henderson & Hawthorne, 2000),让课程革新之举积极发生。就此,值得我们省思的议题为:我们的幼儿园领导者都扮演转型课程领导者角色吗?所有的教师都是改革促动者吗?而无论是转型领导者或改变促动者,均是在本质上思考与信念的根本改变,再加上课程发展专业知能的考量,施打专业成长营养针,改善与强化"体质",实极为必要。

有关课程革新成就之道,Senge(杨振富译,2002)指出:任何改革唯有涵盖学习才能持久,因此,学校必须是一个"学习型组织",而每一个人都要进行五项修练:自我超越、共同愿景、心智模式、团队学习、系统思考。至于针对课程领导者,欧用生(2004)认为要具备丰富的专业素养和完美的人格特质,其专业成长的途径有:实施、行动研究、利用自传和叙说、发展学习档案、建构民

主的教育论坛、建立新形式的学习与加强进修和研习。在课程革新历程中,小自教师个人,大至幼儿园园方领导阶层要学习,成长的内涵实在太多;为了要使每一个人能主动扮演改革促动者,或自我超越者的角色,笔者以为最重要且最根本的增强体质方法是,要先提升园方上下各层级的专业信念与专业知能,因为专业信念决定教学或领导实务,专业知能则让信念或梦想易于实施、得以成真。至于园内提升各层级专业知能与信念的方式有多种,诸如:成立强调相互支持的"成长团体"(如读书会、教学研讨会等);进行强调获知、行动、省思循环的行动研究;与大学或相关机构进行"协同行动研究";聘请专职人员"驻园辅导";参加在职进修或师训研习等均属之。

　　笔者曾综合文献,归纳有效的专业成长三大要素为:以当事人需要为中心(如聚焦于教师有待强化的专业信念与知能)、由行动中学习(由教学试行中省思与建构)、反省性思考(周淑惠,2003a)。笔者的课程革新相关实征研究,如辅导某一公幼由传统教学转型为实施角落教学,并继而实施全语言(周淑惠,1998、2003a;Chou, 2000),以及辅导另一家公幼与私立及幼幼儿园进行社会建构教学实验(周淑惠,2004),均是强调一面有系统地进行强化专业信念与知能的课程,一面大胆试行新的课程与教学,由"做"中省思、建构教学实务,以达巩固教学信念与知能目的。此外,师大附幼(台湾师大附幼,1996;廖凤瑞,1997)与佳美幼儿园(佳美、新佳美,1995;刘玉燕,1997)的课程转型亦是非常强调行动中建构学习与省思的精神。我们特别指出,不管是何种形式的专业成长方式,均应尽量强调"省思"成分;例如在读书会讨论某一种教学行为时,大家就必须"省思"此种教学行为背后的教学信念是什么? 对孩子的影响是什么? 自己在教室中有无此种教学行为? 要如何增加或避免此一教学行为? 可以说省思是专业成长的一个非常重要方式。

　　走笔至此,颇值我们省思的议题为:您的幼儿园园内有发挥支持作用,强调省思、共同成长的成长团体吗? 园方是否有鼓励教师进行或与大学相关机构合作共同进行知、行、思合一的课程/教学行动研究? 园方是否愿意聘任能引发教师省思与后续行动的驻园辅导人员? 园方是否鼓励教师参与各种在职进修研习活动？而进修或研习主讲者是否能真正显现与示范建构式教学,促动研习者省思自我教学,以利其于实际教学中改变与转换呢？此外,各层级专业成长还包括教化家长的部分,就此,园方是否经常举办亲职教育相关活动？各层级教育相关机构的亲职教育活动是否真能强化家长理念,还是只流于交谊同乐？

二、"与轮共舞"安心针:强化语文于课程中的探究角色

东方家长均非常在意孩子的读写表现,很难立即破除;笔者常思考,若能于课程革新行动中,同时也让家长看到孩子的读写表现,相信必有助于课程革新的实现。笔者在辅导公幼由传统教学走向开放教学时,就深感教师身上挥之不去的家长压力;在第二年时,我试着将"全语言"精神纳入课程革新内涵中,强化语文听、说、读、写在课程中的探究与统整角色,让孩子在运用语文探究工具中,习得语文听、说、读、写能力,这就是植基于社会建构精神的"全语言"教学。当孩子于期末展现听、说、读、写强烈兴趣与表现听、说、读、写优异成果时,家长非常惊艳与赞叹,对于长久在意家长之载舟、覆舟力量的教师,无疑是打了一剂"安心针",可以放心走下去。而在另一方面对家长而言,也是打了一剂安心针。

其实语文是一项心智工具 (Bodrova & Leong, 1996; Vygotsky, 1986),它如同其他工具可减省人力般,是心智必备的工具,可以帮助人们专注、记忆与作最佳思考,这是社会建构论课程与教学的重要原则,也是本书的重要精神。强调语文在课程中的探究角色,如"全语言",不仅可充实课程质量,而且也可提升幼儿的具体表现,如:喜欢阅读、爱涂鸦记录或做小书、勇于发表等,让教师与家长安心于改革行动。这种以语文为探究工具的课程与教学,是大大不同于传统教学把语文视为学习目的与成果的,其常用策略例如:孩子通过查阅图鉴(书)或上网寻找资料,以涂鸦方式记录观察与探究发现或表达探究后的理解,阅读与比较不同时期的纪录,口语表达理解与想法等。因此,强化语文于课程中的探究角色,不失为课程革新的一项法宝。

三、"与轮共舞"强心针：系统化呈现幼儿的进步表现

在全园投入课程革新一段时间后，有系统地呈现幼儿的进步表现，让一向在意孩子学习成效的家长，在满足其疑虑与解除心防后，进而肯定教师的努力行动，此举对教师而言无疑是施打一剂"强心针"，让其在浑沌复杂、变动不安的课程革新中，重拾自信，有动力继续坚持下去。至于呈现幼儿的进步表现有多种方式，例如：以图文并茂的园讯、班讯方式呈现；采真实评价或档案评价方式；在园方入口或教室内、门口张贴具照片与文字分析的"档案纪录面版"（Documentation Panel），图6.3.1、图6.3.2即为笔者休假研究期于美国麻州大学教育学院实验幼儿园所拍摄的档案纪录面版；或是在主题结束前举办主题成果展示活动；甚至是家长参与课程进行等均属之。此种有系统地呈

◎图 6.3.1　档案纪录面版(1)

◎图 6.3.2　档案纪录面版(2)

现幼儿的进步表现情形，确实能激发教师士气与赢得家长认同改革行动，在笔者的辅导研究或教学实验研究中均为明证(周淑惠，2003a、2004)。

就此，值得省思的议题为：园方是否定期将幼儿的进步表现以园讯或班讯方式发送家长？园方是否采用真实评价或档案评价方式取代传统评价方式？园方是否于醒目之处张贴具有分析与省思幼儿表现的档案纪录面版？园方或各班有否于主题结束前举办主题成果展示，让家长了解幼儿在此主题中究竟学到什么？园方能否开放家长随时参与课程，了解幼儿学习与教学实际情形？

第七章

幼儿园课程/教学的期许

本章旨在综合本书各篇各章论述，归纳相关结论，并针对所归纳结论进而试图提出一些期许，以作为未来台湾幼儿园课程与教学的努力方向。

第一节

结　论

本书第一篇乃从幼儿与幼儿园的角度切入，检视幼儿园的课程与教学。其重要结论为：就幼儿发展与学习的特性而言——文化情境性、全人发展性、渐序发展性、个别差异性、探索建构性与具体经验性，"主题探究课程"是较为符合幼儿特性的课程与教学。再就幼儿园与各层级环境间的密切相关性而言，家园合作，课程反映地域特色，与教师发挥当有鹰架角色是幼儿园课程与教学的必然走向。综此，幼儿园在拟制课程/教学初始，必须在幼儿特性与需求的基础上，综合考量园所自身目标、当地特色与优势，并以培育幼儿适存于未来时代社会为最高宗旨，创造有特色的"园本课程"。而在课程拟订之后，则必须容许师生在课室中逐渐发展，活出有特色且是能"与时代摩天轮共同舞动"的课程/教学的故事。

本书第二篇则从适应新时代社会生活，课程必须设法让幼儿"与轮共舞"

的角度切入,检视幼儿园的课程与教学,并揭示本书社会建构论的基本立论与精神,勾勒幼儿园课程/教学创新发展的蓝图。同时并举意大利 Reggio 的主题探究课程/教学与台湾幼儿园主题探究课程/教学来说明理论在实务上的运用,以彰显如何于课程中"与轮共舞"。社会建构论基本精神为:强调师生共同建构、搭构学习鹰架与运用语文心智工具。在另一方面,从新时代社会高度竞争与变动不安的特性而言,一个强调培育求知人、应变人、民主人、地球人、科技人与完整人目标的课程/教学是必然的趋势。而综合社会建构论与新时代课程/教学目标,第二篇的重要结论为:"主题探究课程"是较为符合时代需求与理论精神的课程,因其强调探索性、统整性、建构性、游戏性、鹰架性、计划性与萌发性,较能实现求知、应变等新时代课程/教学的培育目标。

综合本书第一、二篇论述,其重要结论如下。

一、主题探究课程/教学的适切性

无论是从第一篇幼儿发展与学习的角度切入,或是培育新时代社会生活所需技能的角度切入,我们发现主题探究课程/教学均是较为符合需求的课程。幼儿园的课程/教学主体是幼儿,而今日幼儿是要生存于未来世纪的,主题探究课程可以以园所的地域特色、优势,搭配园所的目标等为其课程内涵;而在主题课程进行时,则强调幼儿运用各项探究技能,以探索与理解主题相关知能。因此主题探究课程也是个有特色的"园本课程"。

二、幼儿园与邻近社会文化情境合作的必要性

无论是从第一篇论及"生态系统论",或是第二篇道及本书立论——"社会建构论",两个理论在某种程度上是相互呼应的,都认为幼儿园与家庭以及在两个系统里的人员互动关系是幼儿最近、关系最密切的社会文化情境。这些社会情境对幼儿的发展与学习扮演重要角色,因为幼儿本就生存其中,日日受社会文化情境的影响,因此,家园间的密切合作是绝对必要

的;此外,幼儿园的课程与教学内涵要反映园所的地域特色与优势,也是极为自然的走向。

三、教师搭构学习鹰架的必然性

幼儿是在其社会文化情境中成长与发展的,而幼儿园与幼儿园里的教师是与幼儿最接近的社会文化情境,基于教师与幼儿的互动本就而且也必然会影响幼儿的发展与学习,以及提升幼儿最近发展区能力的考量,我们认为幼儿园教师必须发挥积极角色,为幼儿搭构学习的鹰架,而主题探究课程/教学的重要特色之一就是强调鹰架性。

基于主题探究课程/教学是面对新时代社会需求、幼儿发展/学习特性,与社会建构论下最适切的课程/教学形态,而课程是教室生活故事,是师生于教室生活中逐渐发展生成的,因此笔者期盼师生共同活出“与轮共舞”的故事,体验求知人、应变人、完整人、民主人、科技人与地球人的生活,逐渐发展符合新时代需求的园本课程。而本书第三篇是台湾幼儿园课程/教学展望篇,期望在目前台湾幼儿园课程与教学仍有许多努力空间的现况中, 能拨云见日,走出一片蓝天,实现第二篇中所勾勒的蓝图——主题探究课程 / 教学。笔者进而从分析课程与教学创新发展的“类型”中,发现只要园内少数教师带头努力成为“改革促动”者,即便是短期的尝试,甚或只是改编坊间现成教材,都是可以接受的课程革新方式。再从分析课程与教学创新发展的“特性”中,归纳课程变革具有逐渐演化性、整体牵动性与复杂不定性三项特性。而从分析课程与教学创新的“影响要素”中,发现“人的信念”与“组织要素”深切影响改革行动,尤以人的信念是课程革新的决定要素。综合以上分析,笔者试图提出课程创新发展在具体实务上的三项策略——提升各层级专业成长、系统化呈现幼儿进步表现,以及强化语文于课程中的探究角色;此三项策略犹如医生诊疗过程中需对就诊者适时注射营养针、安心针与强心针般,有利课程创新与转型之举得以实现。

第二节

期　许

对于幼儿园课程创新发展，笔者于本书第三篇已提出实务上的具体策略，以利推动改革。而理念、信念指导实务，在理念上，笔者认为园方秉持"与轮共舞"的道德使命，立意与社会文化情境中相关人等共同携手建构幼儿的课程，反而更为重要。

一、怀持"与轮共舞"道德使命

幼儿园是教育机构，肩负培育社会未来主人翁的神圣使命，因此幼儿园必须以此道德使命为念，摒除营利挂帅之心。我们深切期许幼儿园从上至下，包括负责人、园长与教师均能怀抱道德使命，尤以掌握管理权力的负责人与园长，必须以"转型领导者"自居，具有大格局的思想与情操。诚如课程专家欧用生(2004)以"诗性智慧的课程领导"说明课程革新的领导者的应有角色，他殷切指出："课程领导者应该思考如何发挥精神的权力，激发师生的想象、创造、审美、情感、惊奇，鼓舞热情、憧憬、梦想与可能性，使每一个人都有生存的意义和希望，这正是当前教育改革、课程改革的道德目的。"而身为教师者也不能坐等他人领导，必须成为改革促动者，激起革新的火花，期能发挥燎原的效果。

二、携手共建幼儿课程

幼儿生活于幼儿家园庭与社区之中，深受这些社会文化情境的影响。幼儿园在规划与实施课程时，一定要纳入这些对幼儿最近、影响最密切的社会文化情境，除课程反映地域特色与优势外，家园必须密切合作。在目前台湾家长教育信念仍颇为注重低层次认知能力——读写算之际，我们认为与家长保持良好互动关系,在主题探究课程中适度援用家长的强势智能,让其参与课程,了解幼儿进步表现,以达因势利导家长教育信念的目的,是极为可行之路。待家长认同比较开放的教学后,则可加重"携手共建幼儿课程"的比重。

具体而言,课程创新中的人员——教师、园长或负责人与家长的关系,应是本着专业自主的精神与家长维持"亦师亦友"的关系,尤其是教师。基本上,教师面对家长时要表现自信,在教育幼儿的"专业上"提供咨询,甚至引导、教化的老师角色;而在教育幼儿的"工作上"维系朋友的角色,通过各种联系互动方式了解幼儿状况,促进家园合作,以作为课程与教学的基础。这些朋友般的联系互动方式与家园合作方式包括家庭访问、电话访谈、亲子作业活动,甚而邀家长就其专长协助某部分的课程进行(如:担任校外教学助手、担任角落时间说故事者、担任某项不熟悉主题的介绍者等),请家长就某项主题提供想法、教具或资源,以及举办主题成果展示活动或教学参观活动等。

总之,身为教育专业者必须怀持爱心与道德良心,一切以幼儿的最大利益为依归,而今日幼儿是必须生存于未来世代的,基于未来社会高度变动与竞争特性,强调培育求知人、应变人、民主人、地球人、科技人与完整人的主题探究课程/教学是幼教工作者今后必须共同努力的方向。笔者深切期盼幼儿园园方能以"转型领导者"自居,每一位幼儿教育工作者均能扮演"革新促动者"角色,着手点燃创新之火并期蔚然成风。在另一方面而言,一个主题探究课程是有多元形式的,各园可以依其教育目标、地域特色与优势等逐渐发展具有特色的"园本课程",只要在课程/教学精神上强调"探究"成分,让幼儿在探究主题时运用各种探究技巧,而非坐等他人灌输、被动收受,即是符合本书所提倡的主题探究课程。例如本书所举的意大利 Reggio 课程/教学与台湾及幼幼儿园课程/教学在形式风格上截然不同,但二者均相当注重知识的探究与建构。因此,为了幼儿的福祉,园方上下一心与家长携手共建"与轮共舞"课程与教学,是笔者深切的期望。

参考文献

一、中文部分

王文科(1994)。**课程与教学论**。台北:五南。

台湾师大附幼(1996)。**成长的足迹**。台北:光佑。

台中爱弥儿教育机构、林意红(2002)。**鸽子:幼儿科学知识的建构**。台北:光佑。

李丹(主编)(1989)。**儿童发展**。台北:五南。

吴采燕(2005)。**托儿所启动本位课程改革之行动研究——一个所长的筑梦记**。新竹师范学院幼儿教育研究所硕士论文,未出版,新竹市。

佳美、新佳美(1995)。**与孩子共舞——佳美幼儿园主题教学的实建历程**。台北:光佑。

周淑惠(1997a)。**幼儿自然科学经验——教材教法**。台北:心理。

周淑惠(1997b)。幼儿教师之教学行为与现况研究。**新竹师院学报**,10。

周淑惠(1998)。幼儿园课程与教学创新:一个个案的启示。载于台湾课程与教学学会(主编),**学校本位课程与教学创新**(页83-118)。台北:扬智。

周淑惠(2002a)。**幼儿教材教法——统整性课程取向**。台北:心理。

周淑惠(2000b)。**幼儿数学新论——教材教法**。台北:心理。

周淑惠编(2002)。**幼儿园幼儿科学课程资源手册**。台北:教育主管部门。

周淑惠(2003a)。幼儿园全语文课程革新之历程性研究。载于黄显华及孔繁盛(主编),**课程发展与教师专业发展的伙伴协作**(页137-179)。香港:中文大学出版社。

周淑惠(2003b)。课程改革之"省思"议题。**台教世纪**,204,29-34。

周淑惠(2004)。建构取向之幼儿自然科学教学之历程性研究。**新竹师院学报**,19,61-88。

周淑惠(2005)。鹰架引导策略。**台教世纪**,216,45-56。

林翠湄、黄俊豪等(译)(2003)。**发展心理学**(David R. Shaffer原著)。台北:学富。

林佩蓉(1995)。幼儿园教学实务中反映的儿童发展观点。**教育资料与研究**,4。台北市:台北教育资料馆。

信谊基金会学前儿童教育研究发展中心(1986)。**台北市幼儿园、托儿所现况访问调查之分析报告。**

屏东师范学院(1990)。**台湾幼儿园教材使用分析与评估。**教育主管部门项目研究报告。

黄政杰(1997a)。**教学原理。**台北:师大书苑。

黄政杰(1997b)。**课程改革的理念与实践。**台北:汉文。

黄又青(译)(2000)。**喷泉:为小鸟建造乐园的活动纪实**(Reggio Children 原著)。台北:光佑。

黄光雄、蔡清田(2002)。课程研究与课程发展理念的实践。**中正教育研究**,1,1−19。

新竹师范学院(1993)。**台湾坊间学前数学教材之评析研究。**教育主管部门项目研究报告。

张军红、陈素月、叶秀香等(译)(1998)。**孩子的一百种语言**(Malaguzzi, L.等原著)。台北:光佑。

杨镇富(译)(2002)。**学习型学校**(Senge, P. M.等原著)。台北:天下。

廖凤瑞(1997)。**从作息与教案设计的修改看幼儿园的改变:一个理论与实务之个案研究,**发表于八十六年度教育学术研讨会,花莲师院。

嘉义大学(2002)。**台湾幼儿教育普查计划成果报告。**台北:教育主管部门。

刘玉燕(1997)。佳美幼儿园开放教育的发展历程。载于黄政杰(编),**开放教育的理念与实践。**台北:汉文。

欧用生(1995)。**教师专业成长与学习。**台北:台湾教育研习会。

欧用生(2003)。**课程典范再建构。**高雄:丽文。

欧用生(2004)。**课程领导:议题与展望。**台北:高等教育。

简明忠(1987)。**台湾学前教育现况及问题之调查研究与分析。**高雄:复文。

简茂发、郭碧唫(1993)。儿童为主导的自由游戏在台湾幼儿园之运用。教育主管部门八十二年度幼儿教育项目研究计划。

简楚瑛(1995)。**当前幼儿教育问题与因应之道。**教育改革咨询委员会研究报告。

简楚瑛、林丽卿(1997)。从课程转型过程看教育改革落实在幼儿园学校系统层面上之相关因素。台湾教育统整型研究计划成果分析研讨会。

苏建文等(1991)。**发展心理学。**台北:心理。

二、英文部分

Beane, J. (1993). Problems and possibilities for an integrative curriculum. *Middle School Journal,* 25 (1), pp.18–23.

Beane, J. (1997). *Curriculum integration–designing the core of democratic education.* N. Y.: Teachers College Press.

Berk, L. E. (1997). *Child development* (4th ed.). Needham Heights, MA: Allyn and Bacon.

Berk, L. A. (2001). *Awakening children's minds: How parents and teachers can make a difference.* New York: Oxford University Press.

Berk, L. E., & Winsler, A. (1995). *Scaffolding children's learning: Vygotsky and early childhood education.* Washington D. C.: National Association for the Education of Young Children.

Bertram, T., & Pascal, C. (2002). What counts in early learning? In O. N. Saracho & B. Spodek (ed.), *Contemporary perspectives on early childhood curriculum.* Greenwich, Connecticut: IAP.

Bliss, J. (1995). Piaget and after: The case of learning Science. *Studies in Science Education,* 25, pp. 139–172.

Bodrova, E., & Leong, D. J. (1996). *Tool of the mind: The Vygotskian approach to early childhood education.* N. J.: Prentice–Hall.

Bredekamp, S., & Copple, C. (1997). *Developmentally appropriate practice in early childhood programs.* D. C.: National Association for the Education of Young Children.

Bronfenbrenner, U. (1979). *The ecology of human development: Experiments by nature and design.* Cambridge, MA: Harvard University Press.

Bruner, J. (1987). The transactional self. In J. Bruner, & H. Haste (eds.), *Making sence: The child's construction of the world.* New York: Routledge.

Bruner, J., & Haste, H. (1987). Introduction. In J. Bruner, & H. Haste (eds.), *Making sense: The child's construction of the world.* New York: Routledge.

Bussis, A. M., Chittenden, F. A., & Amarel, M. (1976). *Beyond surface curriculum, An interview study of teachers' understandings.* Boulder, CO: Westview Press.

Ceppi, G., & Zini, M. (1998). *Children, spaces, relations: Metaproject for an environment   for young children.* Reggio Children and Comune Di Reggio Emilia.

Chou, S. (2000). *An investigation of the process of adapting the open learning approach to early childhood education in a Taiwanese kindergarten.* Paper presented at the Annual Conference of American Educational Research Association. New Orleans.

Cisneros–Cohenour, E. J., Moreno, R. P., & Cisneros, A. A. (2000). *Curriculum reform in Mexico: Kindergarten teachers' challenges and dilemmas* (ERIC Document Reproduction Service No. 470 886).

Clandinin, D. J., & Connelly, F. M. (1992). Teacher as curriculum maker. In P.W. Jackson (ed.), *Handbook of research on curriculum* (pp. 363–401). New York: Macmillan.

Cole, L. (1990). Personal theories of teaching: Development in the formative years. *Alberta Journal of Educational Research*, 36, pp. 203–222.

Edwards, C., Gandini, L., & Forman, G. (eds.) (1993). *The hundred language of children–the Reggio Emilia Approach to early childhood education.* Norwood, N. J.: Ablex.

Eisner, E. W. (1994). *Cognition and curriculum: Reconsiders* (2nd ed.). New York: Teachers College Press.

Elkind, D. (1988). *The hurried child. Reading,* MA: Addison–Wesley.

Elliott, J. (1991). *Action research for educational change.* Buckingham: Open University Press.

Feng, J. (1994). *Issues and trends in early childhood education* (ERIC Document Reproduction Service No. ED 372 841).

Fleer, M. (1993). Science education in child care. *Science Education*, 77 (6), pp. 561–573.

Forman, G. (1996). The project approach in Reggio Emilia. In C. T. Fosnot (cd.), *Constructivism: Theory, perspectives, and practice.* New York: Teachers College Press.

Forman, G. E., & Kaden, M. (1987). *Research on Science education for young children.* In C. Seefeldt. (ed.), The early childhood curriculum: A review of current research. New York: Teachers College Press.

Fullan, M. (1993). *Change forces: Probing the depths of educational reform.* London: The Falmer Press.

Gandini, L. (1993). Educational and caring spaces. In C. Edwards, L. Gandini, & G. Forman (eds.), *The hundred language of children—the Reggio Emilia Approach to early childhood education*. Norwood, N. J.: Ablex.

Ginsburg, H. P. (1981). Piaget and education: The contributions and limits of genetic episte- mology. In I. D. Brodzinsky, & R. Golinkoff (eds.), *New directions in Piagetian theory and practice*. Hillsdale, N. J.: Lawrence Erlbaum.

Ginsburg, H. P. (1989). *Children's arithmentic: How they learn it and how you teach it*. Austin, Tex: Pro—Ed.

Ginsburg, H. P., & Opper, S. (1988). *Piaget's theory of intellectual development*. Englewood Cliffs, New Jersey: Prentice Hall.

Gordon, A., & Browne, K. W. (1993). *Beginnings and beyond*. Albany, New York: Delmar.

Grant, C. A., & Sleeter, C. E. (1985). Who determines teacher work: The teacher, the organiza- tion, or both?. Teacher & *Teacher Education, 1* (3), pp. 209–220.

Hart, C. H., Burts, D. C., & Charlesworth, R. (1997). *Integrated curriculum and developmental- ly appropriate practice: Birth to age eight*. Albany, N. Y. : State University of New York Press.

Heddens, J. W., & Speer, W. R. (1988). *Today's mathematics*. Chicago, IL: Science Research Associates.

Henderson, J. G., & Hawthorne, R. D. (2000). *Transformative curriculum leadership* (2nd ed.). Englewood Cliffs, N. J.: Prentice Hall.

Inagaki, K. (1992). Piagetian and post—Piagetian conceptions of development and their implica- tions of Science education. *Early Childhood Research Quarterly, 7*, pp. 113–115.

Kagan, D. M. (1992). Professional growth among preservice and beginning teachers. *Review of Educational Research, 62* (2), pp. 129–169.

Klein, M. F., & Goodlad, J. I. (1978). *A study of curriculum decision making in eighteen se- lected countries* (ERIC Document Reproduction Service No. 206 093).

Knight, C. (2001). Quality and the role of the pedagogista. In L. Abbott, & C. Nutbrown (eds.), *Experiencing Reggio Emilia*. Buckingham: Open University Press.

Kostelnik, M., Soderman, A., & Whiren, A. (1993). *Developmentally appopriate programs in early childhood education*. N.Y.: Merrill.

Krechevsky, M. (2001). Form, function, and understanding in learning groups: propositions from the Reggio classrooms. In C. Giudici, C. Rinaldi, & M. Krechevsky (eds.), *Making learning visible: Children as individual and group learners*. 2001 Reggio Children, the president and fellows of Harvard College, and the Municipality of Reggio Emilia.

Krechevsky, M., & Mardell, B. (2001). Four features of learning in groups. In C. Giudici, C. Rinaldi, & M. Krechevsky (eds.), *Making learning visible: children as individual and group learners*. 2001 Reggio Children, the president and fellows of Harvard College, and the Municipality of Reggio Emilia.

Krogh, S. L. (1997). How children develop and why it matters: The foundation for the developmentally appropriate intergrated early childhood curriculum. In C. H. Hart, D. C. Burts, & R. Charlesworth (eds.), *Integrated curriculum and developmentally appropriate practice: Birth to age eight* (pp.29–48). Albany, N. Y. State University of New York Press.

Lave, J., & Wenger, E. (1991). *Situated learning: Legitimate peripheral participation*. Cambridge, MA: Cambridge University Press.

Marsh, C., Day, C., Hannay, L., & McCutcheon, G. (1990). *Reconceptualizing school–based curriculum development*. New York: The Falmer Press.

Malaguzzi, L. (1993). History, ideas and basic philosophy. In C. Edwards, L. Gandini, & G. Forman (eds.), *The hundred language of children–the Reggio Emilia approach to early childhood education*. Norwood, N. J.: Ablex.

McNeil, L. M. (1988). Contradiction of control, part 1: Administrators and teacher. *Phi Delta Kappan, 69* (5), pp. 333–339.

Moss, P. (2001). The otherness of Reggio. In L. Abbott, & C. Nutbrown (eds.), *Experiencing Reggio Emilia*. Buckingham: Open University Press.

Munby, H. (1983). *A qualitative study of teacher's beliefs and principles*. Paper presented at the Annual Meeting of American Educational Association. Montreal. Canada. (ERIC Reproduction Service No. ED 228 215).

Nutbrown, C., & Abbott, L. (2001). Experiencing Reggio Emilia. In L. Abbott, & C. Nutbrown (eds.), *Experiencing Reggio Emilia*. Buckingham: Open University Press.

O'Brien, L. M. (1993). Teacher values and classroom culture: Teaching and learning in a rural,

Appalachian Head Start program. *Early Education and Development, 4,* pp. 5–19.

Olson, J. (1982). Dilemmas of inquiry teaching: How teachers cope. In J. Olson (ed.), *Innovation in Science Curriculum: Classroom knowledge and curriculum change.* New York: Nichols (ERIC Document Reproduction Service No. 228 904).

Ornstein, A. C., & Hunkins, F. P. (1998). *Curriculum: Foundations, principles, and issues.* Boston: Allyn and Bacon.

Palincsar, A. S., Brown, A. L., & Campione, J.C. (1993). First–grade dialogues for knowledge acquisition and use. In E. A. Forman, N. Minick, & C. A. Stone (eds.), *Contexts for learning.* New York: Oxford University Press.

Petersen, E. V. (2003). *Early childhood curriculum.* Boston: Pearson Education.

Piaget, J. (1970). *Genetic epistemology* (E. Duckworth Trans.). New York: Columbia University Press.

Piaget, J.(1976). Piaget's theory. In B. Inhelder, & H. Chipman (eds.), *Piaget and his school: A reader in developmental psychology.* New York Springer–Verlag.

Posner, G. J. (1992). *Analyzing the curriculum.* New York: McGraw–Hill.

Post, T. R. (1988). Some notes on the nature of mathematics learning. In T. R. Post (ed.), *Teaching mathematics in grade K–8.* Newton, MA: Allyn and Bacon.

Reid, W. A. (1999). *Curriculum as institution and practice.* London: LEA.

Resnick, L. B. (1983). A development theory of number understanding. In H. P. Ginsbarg (ed.). *The development of mathmatical thinking.* New York: Academic Press.

Rinaldi, C. (1993). The emergent curriculum and social constructivism. In C. Edwards, L. Gandini, & G. Forman (eds.), *The hundred language of children–the Reggio Emilia Approach to early childhood education.* Norwood, N. J.: Ablex.

Rinaldi, C. (2001). Documentation and assessment: what is the relationship? In C. Giudici, C. Rinaldi, & M. Krechevsky (eds.), *Making learning visible: Children as individual and group learners.* 2001 Reggio Children, the president and fellows of Harvard College, and the Municipality of Reggio Emilia.

Rinaldi, C. (2003). The joys of preschool learning. In M. Tokoro, & L. Steels (eds.), *The future of learning; issues and prorpects* (pp. 57–69). Burke, VA; IDS Press.

Romberg, T. A. (1988). *Changes in school Mathematics: Curricular changes, and indicators of changes*. New Brunswick, N. J.: Eagleton Institute of Politics, the State University of New Jersey (ERIC Document Reproduction Service No. 300 278).

Rogoff, B. (1990). *Apprenticeship in thinking: Cognitive development in social context*. New York: Oxford University Press.

Ryan, S. (2004). Message in a model: Teachers' responses to a court–ordered mandate for curriculum reform. *Educational Policy*, 18 (5), pp. 661–685.

Scott, W. (2001). Listening and learning. In L. Abbott, & C. Nutbrown (eds.), *Experiencing Reggio Emilia*. Buckingham: Open University Press.

Shoemaker, B. (1989). *Integrative education: A curriculum for the twenty–first century* (ERIC Document Reproduction Service, ED 311 602).

Smith, A. B. (1996). The early childhood curriculum from a sociocultural perspective. *Early child development and care, 115*, pp. 51–64.

Snyder, J., Bolin, F., & Zumwalt, K. (1992). Curriculum implementation. In P. W. Jackson (ed.), *Handbook of research on curriculum* (pp. 402–435). New York: Macmillan.

Spodek, B., & Saracho, O. N. (2002). New directions in curriculum development. In O. N. Saracho, & B. Spodek (eds.), *Contemporary perspectives on early childhood curriculum* (pp. 261–272). Greenwich, Connecticut: IAP.

Steels, L. (2003). Introduction. In M. Tokoro, & L. Steels (eds.), *The future of learning: Issues and prospects* (pp. 1–9). Burke, VA: IOS Press.

Stenhouse, L. (1975). *An introduction to curriculum research and development*. London: Heinemann.

Tharp, R. G., & Gallimore, R. (1988). *Rousing minds to life: Teaching, learning, and schooling in social comtext*. New York: Cambridge University Press.

Vecchi, V. (1993). The role of the Atelierista. In C. Edwards, L. Gandini, & G. Forman (eds.), *The hundred language of children–the Reggio Emilia Approach to early childhood education*. Norwood, N. J.: Ablex.

Vecchi, V. (ed.) (2002). *Theater curtain: The ring of transformations*. Reggio Children and Municipality of Reggio Emilia Infant–Toddler Centers and Preschools.

Vygotsky, L. (1978). *Mind in society: The development of higher psychological process.* Cambridge, MA: Harvard University.

Vygotsky, L. (1986). *Thought and language.* MA: The MIP Press.

Watters, J. J., & Diezmann, C. M. (1997). "This is nothing like School": Discourse and the social Environment as key component; a learning Science. *Early Child Development and Care, 140,* pp. 73–84.

Wertsch, J. V. (1985). *Vygotsky and the social formation of mind.* London, U. K.: Harvard Univesity Press.

Wiles, J. (1999). *Curriculum essentials: A resources for education.* Needham Heights, MA: Allyn & Bacon.

Wiles, J., & Bondi, J. (1998). *Curriculum development: A guide to practice.* Upper Saddle River, New Jersey: Practice–Hall.

Wood, D., Bruner, J., & Ross, G. (1976). The role of tutoring in problem solving. *Journal of Child Psychology and Psychiatry,* 17, pp. 89–100.